红色阅读 ★ 元帅交往实录

于俊道■主编

聂荣臻交往纪实

中国社会科学出版社

图书在版编目（CIP）数据

聂荣臻交往纪实／于俊道主编. —北京：中国社会科学出版社，2015.8
ISBN 978 - 7 - 5161 - 6064 - 0

Ⅰ.①聂… Ⅱ.①于… Ⅲ.①聂荣臻（1899～1992）- 生平事迹
Ⅳ.①K825.2

中国版本图书馆 CIP 数据核字（2015）第 094741 号

出 版 人	赵剑英
责任编辑	武　云
特约编辑	高　蕙
责任校对	王　松
责任印制	李寡寡

出　　版	中国社会科学出版社
社　　址	北京鼓楼西大街甲 158 号
邮　　编	100720
网　　址	http://www.csspw.cn
发 行 部	010 - 84083685
门 市 部	010 - 84029450
经　　销	新华书店及其他书店

印刷装订	北京市昌平新兴胶印厂
版　　次	2015 年 8 月第 1 版
印　　次	2015 年 9 月第 1 次印刷

开　　本	710×1000　1/16
印　　张	12.5
字　　数	210 千字
定　　价	38.00 元

目录
CONTENTS

在城南庄的日子里

——聂荣臻和毛泽东

1948 年 4 月 11 日，中共中央和毛泽东到达阜平城南庄。

在前，聂荣臻等接到了晋绥军区发出的电报，说毛泽东等中央领导同志，在晋西北开完土地会议后，决定同中央机关一起由晋西北到晋察冀来，要晋察冀军区派人到五台去接。

聂荣臻看了这份电报，心里自然非常高兴。因为毛泽东、周恩来等中央领导同志以及中央机关的到来，对军区工作的指导，将会大大加强。这对聂荣臻以及许多干部来说，都是一个很大的鼓舞。在兴奋的心情下，聂荣臻立即派晋察冀中央局副秘书长周荣鑫同志，带着保卫干部和警卫人员赶到五台去接毛泽东等中央领导同志。

临行前，聂荣臻找周荣鑫谈了话，交代了路上注意的事项，第二天他们就出发了。

在战争年代，部队的住房是很简单的。当时军区新盖了三栋房子，聂荣臻和作战科住在村西新盖的那个小院里。聂荣臻住的那栋房子，里外两间，比较大一点，最靠南，一明一暗，外间办公，里间住宿，北面紧挨着作战科。这在军区机关来说，算是最好的房子了。聂荣臻把那两间房子腾出来，准备让毛泽东来住，自己搬进了作战科的那栋房子，作战科搬出了小院。

毛泽东到达的时候，是从五台山北麓的鸿门岩上山的。听说中途遇雪返回，停了两天时间，才上了五台山。

聂荣臻熟悉那个地方。上鸿门岩，有一条盘山路，山下还没有什么，一上山巅，风疾云驰，气候就有很大不同。不要说路上有雪，就是好天通过它，也得花费一点力气。

毛泽东坐的是中吉普，汽车走在崎岖的山路上，轮子打滑，走得很慢。

他看见山路难行，就从中吉普上下来，徒步走在山路上。同他一起到的还有周恩来、任弼时，也下车走在毛泽东后面。

他们时而乘车，时而步行，用了不少时间，才翻山越岭，过了龙泉关。

4月11日傍晚，大约在离城南庄五六里远的地方，聂荣臻迎上了毛泽东的车队。同毛泽东一起到城南庄的，除了周恩来、任弼时外，还有一些随行工作人员。聂荣臻把他们迎进了小院。

江青也跟着来了。她下车伊始，到处张罗，提出来的问题，别人都来不及回答。

那时候，毛泽东显得有些疲劳，他从重庆回来时，身体就不太好。前一段，又在陕北拖了一阵子，身体没有得到恢复。但是，看上去精神倒不错，聂荣臻希望毛泽东在城南庄期间，能够休息一下，恢复健康。

毛泽东住下之后，就忙起来了。按他的老习惯晚上彻夜办公，直到第二天凌晨。聂荣臻知道在白天睡眠是睡不踏实的。为了让毛泽东休息好，在他睡眠的时候，尽量不去干扰他。

过了两三天，周恩来和任弼时离开了城南庄。因为党中央机关设在西柏坡，他们到那里工作去了。

毛泽东同聂荣臻住在一起，每天都有接触，经常谈一些问题。有一次，毛泽东越谈兴致越浓，同聂荣臻进行了彻夜长谈。

看来，毛泽东对晋察冀边区的群众有颇为深刻的印象。他说，一过龙泉关，觉得群众很热情，就好像当年在江西到了兴国一样，群众都是笑逐颜开。他回忆说，在抗日战争开始的时候，我们就是要试一试，在敌后究竟能不能站得住，结果你们在敌后还是站住了。

聂荣臻对毛泽东说，我们能不能站住脚，关键是执行党的政策，把一切抗日力量团结起来。

接着，他们的谈话内容，就集中在过去执行政策上的经验教训。回顾了在江西中央革命根据地的时候，由于王明的错误路线，实行了许多"左"的政策，结果在根据地周围，造成了严重的赤白对立，部队每向外走一步都有困难，这是自己孤立了自己，自己捆住了自己的手脚，给革命造成了很大损失。

聂荣臻对毛泽东说，我们在建立晋察冀抗日根据地的过程中，是接受了这个历史教训的。我们认真执行了党的抗日民族统一战线政策，广泛地团结了各阶层的群众，再没有出现那种对立情况。所以，我们到处都可以走，自由得很，安全得很。每到一个地方，群众都欢迎我们，工作起来，非常方便。

关于当时的中心工作土地改革问题，他们也谈了许多。

聂荣臻向毛泽东汇报了晋察冀的土改情况和土改中出现的一些问题。聂荣臻说，在土地改革问题上，有人批评我是右倾。原因就是我没有搞"左"的那一套。那时候，有的地方出现了消灭地主、富农的现象。这种做法是错误的，不符合中央的土改政策，我们不能那样子搞。过去，在王明路线时期，地主不分田，富农分坏田，甚至侵犯中农利益，这个教训太深刻了，无论如何不能再重复了。根据中央的指示，我们在根据地先平分土地，然后再进行复查，发现了问题就用"抽肥补瘦，抽多补少"的办法解决，对地主不搞"扫地出门"那一套。因为我们搞土地改革，是要消灭封建的剥削制度，消灭地主阶级是消灭它的剥削，不是从肉体上消灭他们。所以，我们在平分土地的时候，对地主、富农一样看待，该分给他们多少土地，就分给他们多少土地，使他们能够自食其力。

毛泽东对聂荣臻说，斯大林曾经讲过，苏联当年搞富农吃了亏，我们应该记取这个教训。

聂荣臻对毛泽东说，有的人还主张挖浮财，我说不能强调挖浮财。因为经营工商业的，有地主、有富农，甚至还有中农。对此，在工商业上你很难分得清楚。我们党的政策是在土改中不损害工商业，这是从革命利益出发的。尤其是在战争时期，我们可以通过工商业者，从敌占区买回需要的东西，如果我们强调挖浮财，必然损害他们的利益，就把这条渠道挖掉了。

毛泽东完全同意聂荣臻上面的意见，批评了那些错误的做法。除了谈土地改革的问题，他们还谈了在抗日战争时期实行的减租减息政策，毛泽东充分肯定了这一政策的作用。后来在解放战争的后期，人民解放军打到蒋管区的时候，以及新中国成立初期，还是先实行减租减息政策，然后再进行土改。

谈罢土地改革问题，已经过了午夜时分。可是，毛泽东毫无倦意，他

还要聂荣臻搞一点酒来。

聂荣臻让警卫员搞来一点酒，又搞来一点菜，同毛泽东继续畅谈。

聂荣臻陪着毛泽东，边饮边谈。从土地改革问题又谈到王明路线、党内斗争、遵义会议和《关于若干历史问题的决议》……

最后，毛泽东谈了对解放战争的想法。他说，抗日战争打日本，是要持久的，解放战争打蒋介石，不能拖得太久，解决得越快越好，这样对我们有利。第一步，先解决东北、华北。为了引开国民党的力量，让刘邓大军出大别山，陈粟大军打过长江去。第二步，西北野战军到西北、西南去。华北除抽调部分兵力增援西北、西南外，其余部队仍留在华北地区，准备在华北搞两三个兵团。那时候，因为华北大部分地区已经解放了，敌人只固守着几个城市，部队建制用不着那么大，待解决了东北敌人之后，再解决华北剩下的城市。这就是当时毛泽东对战争进程的一些设想。

他们结束那次谈话的时候，村里已经是鸡鸣报晓了。

关于陈粟大军打过长江去的问题，后来粟裕来见毛泽东，提出过长江有困难。聂荣臻听了这个意见之后，曾经向毛泽东建议，他们可以先在黄河以南作战，同样可以拖开敌人的力量。毛泽东同意了这个建议。

在这次谈话之后，有一天毛泽东问聂荣臻，因为他的身体不太好，斯大林要他去苏联休养，他是去好，还是不去好？聂荣臻说："斯大林邀请你去莫斯科，这固然是一番好意，如果主席要去的话，我们可以护送到东北。但是，如果主席征求我的意见，我觉得还是不去为好。因为根据现在的情况，护送主席到东北，一般说没有问题。不过处在战争环境，难以有绝对把握。其次是你现在的健康状况已经相当差，再长途跋涉，就更不利，请主席三思。"

毛泽东听了聂荣臻的意见，表示考虑一下再作决定。后来，毛泽东决定不去苏联了。

在城南庄，毛泽东虽然身体不好，仍然日理万机，工作精神十分感人。这年五一节前，毛泽东亲自起草了召开全国政治协商会议的通知，指示聂荣臻用电话口述给在西柏坡的周恩来。以后中央将这个通知通电全国，许多爱国民主人士热烈响应，纷纷从蒋管区或国外来到了解放区。这对扩大统一战线，进一步发展当时的大好形势起了重要作用。

1948 年 5 月初，敌机轰炸城南庄。

长时间里聂荣臻养成一种习惯，每天早晨，按时起床。起床后，第一件事是出去散步，第二件事是收听新闻广播，然后才去吃早饭。

那天早晨，收听完广播，聂荣臻正在吃早饭，听到有机群的轰鸣声，这时聂荣臻思想上特别警惕，因为毛泽东住在这里，必须对他的安全绝对负责。

聂荣臻急忙走到院里，敌机的隆隆声，越来越大了。

聂荣臻循着声音望去，有一架敌机已经飞来了，在城南庄上空盘旋侦察。接着，后面传来一阵轰鸣，声音很沉重，不多时又飞来了两架敌机，这时已经看清是 B—25 轰炸机。于是，聂荣臻快步向毛泽东的房间走去。

由于毛泽东通宵都在工作，聂荣臻走到他屋内的时候，见他身穿蓝条毛巾睡衣，正躺在床上休息。聂荣臻以很轻而又急切的声音说："主席，敌人飞机要来轰炸，请你快到防空洞去！"毛泽东坐起来，若无其事，非常镇静，很风趣地对聂荣臻说："不要紧，没什么了不起！无非是投下一点钢铁，正好打几把锄头开荒。"

不知什么时候，参谋长赵尔陆也来了，他站在聂荣臻的身后。聂荣臻看毛泽东不想进防空洞，心里急了，一连声地说："主席，敌人的飞机来了，你必须立刻离开这里，我要对你的安全负责。"

可是，毛泽东坐在床上，还是不愿意走。

聂荣臻想，不能再迟延了，就当机立断，让警卫人员去取担架。取来担架以后，聂荣臻向赵尔陆递了个眼色，便把毛泽东扶上了担架。他们两人抬起担架就走，在场的秘书和警卫人员，七手八脚地接过了担架，一溜小跑奔向房后的防空洞。

江青害怕，一听到飞机声，早就跑了，等聂荣臻他们抬着毛泽东走进防空洞时，她已经在防空洞里了。

聂荣臻和毛泽东刚走进防空洞，敌人的飞机就投下了炸弹，只听轰轰几声巨响，军区驻地的小院附近，升起了一团团浓烟。

这次敌机轰炸城南庄，一共投了 5 枚炸弹。一枚落到驻地的东南，一枚落到房后山坡上没爆炸，一枚正落到小院里爆炸了。其余的两枚炸弹落到了离驻地较远的地方。

敌机投完炸弹，就飞走了。聂荣臻出来一看，敌机投下的是杀伤弹，军区小院里别的房子完好无损。但是，毛泽东住的那两间房子，门窗的玻璃震碎了；房里的两个暖水瓶，被飞进去的弹片炸碎了；还有买来的一些鸡蛋，也被弹片崩了个稀烂。看到这些，聂荣臻心里未免后怕起来，如果不是刚才当机立断，事情的后果是不堪设想的。

这件事情发生后，聂荣臻反复地思考，毛泽东来到城南庄，已经有一段时间了，虽然我们加强了保卫工作，也有可能传出了消息。但是，我们对毛泽东住的地方，进行了严格的控制，除经过审查的服务人员外，一般人不会知道准确位置。而从敌机轰炸的情况来看，敌人不但知道毛泽东来了，还知道毛泽东住的地方，所以，他怀疑内部有奸细。

为了保证毛泽东的安全，应该让他离开城南庄，到一个安全可靠的地方才好。什么地方安全呢？聂荣臻想起了在抗日战争时期，我们军区曾经住过的一个小村子花山。花山在城南庄以北不远，很隐蔽，聂荣臻觉得这个地方是很适宜的。

第二天，聂荣臻吃完早饭，就把这个想法报告了毛泽东，毛泽东表示同意。这样，毛泽东搬到花山去住了几天，就转到了西柏坡。

敌机轰炸城南庄这件事，保卫部门查了许久，一直没有解开这个谜，有几个被怀疑的对象，也缺乏应有的真凭实据。只好把这件事搁了下来。直到解放了大同、保定，通过查阅敌伪档案，才把这个案子搞清楚。

原来，当时军区司令部管理处，在王快镇开设了一个烟厂，这个厂的经理孟宪德，不知是在什么时候，被国民党特务收买了，暗中加入了特务组织。以后，他把军区司令部小伙房的司务长刘从文也拉了进去。这两个家伙被任命为上尉谍报员，他们除了向敌人提供情报外，在毛泽东来以前，孟宪德还曾经把几包毒药亲手交给了刘从文，命令他寻找适当时机，把毒药放在聂荣臻和别的领导同志的饭菜里。但他由于害怕被发现，没敢下手，这个阴谋没有得逞。毛泽东来到城南庄之后，聂荣臻指派专人给毛泽东单独做饭，采取了比较严密的防范措施，其他人员无法接触，这就保证了毛泽东的安全。

敌机轰炸城南庄，是孟宪德、刘从文给敌人送的情报。经查对，犯罪证据确凿，罪犯供认不讳，由当时的华北军区政治部副主任张致祥主持，经过正式审判，依法判处了罪犯死刑。案件报到聂荣臻这里，聂荣臻看一切都符合法律手续，就批准枪毙了这两个特务。

（聂　文）

从留法勤工俭学运动到
社会主义革命和建设
——聂荣臻和周恩来

　　本世纪 20 年代，中国青年学生中的留法勤工俭学运动，涌现了一批著名的共产党人，周恩来和聂荣臻便是其中的杰出代表。

　　1920 年 12 月，周恩来到达法国。他在勤工俭学生中有很大影响，聂荣臻早闻其名。1923 年 2 月，在巴黎举行的旅欧中国少年共产党临时代表大会上，他们第一次接触。周恩来待人亲切，讲话精辟，思路敏捷，朝气蓬勃，给聂荣臻留下了很深的印象。是年夏天，聂荣臻在德国柏林又会到了周恩来。不久，聂荣臻放弃在比利时沙洛瓦劳动大学的学习，回巴黎以主要精力从事团的训练工作，经常与周恩来接触，了解就更多了。

一

　　周恩来到法国后，没有做过工，主要是考察工人运动和学生运动，可以说是位职业革命家。早在国内，周恩来就参加了"五四"运动和其他进步学生运动，已经成为有强烈社会革命愿望的青年领袖。周恩来到欧洲后，与一般勤工俭学学生不一样。周恩来对聂荣臻说，不进工厂做工，可以扩大接触面，深入研究各方面的问题。周恩来以记者身份出现，行动方便。在法国、德国、英国、比利时，他可以到处活动，与华工、勤工俭学学生、外国工人、学生等广为接触，了解了许多情况，这对周恩来共产主义信念的形成，大有好处。

1922 年 3 月以后，周恩来与赵世炎等同志一起，致力于建党建团活动。他是位讲求实际的人，对任何事情决不盲从。在欧洲一年多的时间里，对各种社会思潮作了反复比较。开始，他曾密切注意过无政府主义思潮的动向，对这派学生浪漫主义的革命热情，有过某种同情，以后逐渐认识到，无政府主义想抛弃一切束缚，要求"彻底的自由解放"，这在阶级社会中，纯属空想。经过比较，觉得只有以苏联十月革命为榜样，才能解决人类和中国求解放的问题。1921 年，他确定了对共产主义的坚定信念，并参加了中国共产党。1922 年春天，他在德国与几位同志商量，勤工俭学学生绝大部分是青年人，其中许多人革命热情很高，有建立共产主义青年组织的基础，从团结教育青年方面讲，也有这个必要。于是，他们就写信给赵世炎同志，请他出面筹备。在赵世炎、周恩来等努力下，1922 年 6 月，召开了"旅欧中国少年共产党"（即后来的旅欧共产主义青年团）成立大会。1922 年 8 月聂荣臻加入"少共"组织。不久，刘伯坚同志告诉聂荣臻，周恩来等倡议，需要筹集一笔钱作路费，赶紧派人回国，与团中央取得联系，接受领导，以加强团的活动。虽然大家当时生活上都很拮据，还是凑了一笔款子，李维汉同志带信回到国内，终于与团中央取得了联系。此时，陈独秀正在莫斯科参加共产国际的会议，他去信说，不宜叫"少年共产党"，应改称青年团。聂荣臻等建议，"少共"改称"共产主义青年团"附属于国内青年团，获得团中央批准。当周恩来在 1923 年 2 月"少共"临时代表大会上宣布与国内取得联系的喜讯时，大家都非常高兴。

在"少共"第一次代表大会上，选举赵世炎为书记，周恩来为宣传委员，李维汉为组织委员。1923 年 2 月，由于赵世炎要去莫斯科学习，周恩来接替他任书记。从此，周恩来一直是中国共产党和青年团旅欧组织的主要领导人。旅欧勤工俭学学生和华工中的党团活动，是中国共产党初期建党建团活动的重要组成部分。周恩来在这方面是作出了历史性贡献的。

1000 多名勤工俭学学生，都是些热血青年，受着各种思潮的影响，政治上可以说没有一个"白丁"，他们不是属于共产党或青年团，就是属于无政府主义派、国家主义派、社会民主党、国民党左派或右派。为了扩大马克思主义的思想阵地，周恩来领导党团员同各种反马克思主义思潮做了坚决斗争。因为组织得好，人数较多，又握有真理，这些斗争都以胜利而告终。

1922年8月，旅欧"少共"创办了《少年》日刊（后改名《赤光》）。周恩来是主要领导人和撰稿人。他的文章，笔锋犀利，说服力强，论战中常使对方无言以对。

当时无政府主义在青年中影响比较大，因此，大家第一论战的目标，就对准了无政府主义派。周恩来在《共产主义与中国》等文章中，都着重批判了无政府主义。他说，离开了阶级斗争，高唱真善美，要求绝对自由，反对一切组织和纪律等，是一种反马克思主义的反动思潮，根本行不通，对青年毒害很大，要革命必须走无产阶级革命的道路，除了写文章而外，他还经常作为团组织的代表，与无政府主义派进行面对面的辩论。周恩来立场坚定，才思过人，口才雄辩，说理透彻。聂荣臻多次见到他把对方批驳得哑口无言，甚至有的还为他的演说鼓掌。由于周恩来的领导和大家的努力，到1923年底，无政府主义派终于瓦解了，其中一部分人还转到了马克思主义方面，像陈延年、陈乔年的转变，就是典型的例子。

瓦解了无政府主义派以后，周恩来紧接着领导同志们向以曾琦、李璜为首的国家主义派展开进攻。国家主义派是勤工俭学学生中的主要右派，他们以"爱国主义"为幌子，极力鼓吹反苏反共，反对建立反帝反封建的爱国统一战线和国际统一战线，污蔑同志们搞统一战线是假，要吞并国民党赤化全中国是真。针对国家主义派的谬论，周恩来在文章中，在说理斗争中，反复举例说明，苏联和共产国际是支持各国的民族、民主革命的，共产党与国民党合作，是为了共同完成反帝反封建的历史任务。他说，我们的第一步，是搞革命的三民主义，"打破私有制"、"无产阶级专政"是走完前面第一步以后的问题，像人走路一样，没有走完第一步，是不可能走第二步的。周恩来的上述论点，驳得国家主义派理屈词穷，其中有些人有所觉悟，改变了立场。但曾琦、李璜之流很顽固，组织了"中国青年党"与之对抗，而且后来把这种论战带到了国内。当然，中国革命的进程，给他们作了历史结论。

社会民主党与国民党右派，当时人数很少，影响也不大，没有成为论战的重点。

周恩来在法国的生活十分刻苦。他住在巴黎意大利广场附近的戈德弗

鲁瓦街 17 号一家小旅馆里，真可谓身居斗室，唯一的一间住房不到 10 平方米。这里既是他的住所，又是党组织办刊物和进行党团活动的中心。人多了，实在装不下，就只好到附近的一家咖啡馆活动。每当聂荣臻到周恩来那里，总见他不是在找人谈话，就是在伏案奋笔疾书。吃饭常常是几片面包、一碟蔬菜，有时连蔬菜也没有，只有面包就着开水吃。

当同志们确定了共产主义信念以后，都更加关心国内的政治形势，日夜思念着在黑暗中痛苦挣扎的祖国人民，向往能尽快回国参加革命斗争。1924 年 6 月，周恩来接到党的通知，要他回国工作，他高兴极了。他们几个人在自己的住处为他送行。聂荣臻弄了些葡萄酒，开怀畅饮，由于高兴，周恩来和大家居然都喝得有些醉意。

二

大革命时期，聂荣臻与周恩来在广州、上海、武汉等地一起工作。

1925 年 9 月，聂荣臻由苏联回国，经上海到达广州，在广东区党委见到了周恩来和陈延年。当时陈延年是区党委书记，周恩来是区党委军事部长、黄埔军校政治部主任，第一军政治部主任兼一师党代表。阔别一年，战友重逢，倍感亲切。周恩来告诉聂荣臻，他从 2 月份起进行东征，率部讨伐陈炯明，打了几个月仗，把陈炯明的军队赶出了东江地区。6 月，为讨伐军阀刘震寰、杨希闵叛乱，又回师广州。因为黄埔学生军觉悟高，纪律好，所到之处，各界群众热诚欢迎，大力支持，所以东征和镇压刘、杨叛乱的作战，都很顺利。周恩来为此高兴。但廖仲恺被刺，国民党右派极力阻挠革命，使革命阵线不能同心协力，共同对付帝国主义和军阀势力，他又忧心忡忡。周恩来说，陈炯明趁东征军回师之机，又卷土重来，霸占东江，因此正忙于组织第二次东征。10 月初，周恩来又挥师东征了。东征军的主力，仍然是国民革命军第一军，其中有大批黄埔学生参加，所以，黄埔师生人人都在关心着第二次东征的动向，聂荣臻也一样。由于周恩来组织了强有力的政治工作，东征军仍然所向披靡。10 月中旬的惠州之役，陈炯明以精锐部队凭坚固守，两天未能攻克，蒋介石产生了动摇，想放弃攻城。由于周恩来坚持，并直接参与指挥，在东征军特别是黄埔学生前仆后继的浴血奋战下，终于攻克惠州。歼灭了陈炯明主力，为第二次东征的最后胜利奠定了基础。到 11 月中旬，第二次东征胜利结束。下旬，周恩来被任命为东江各属行政委员，在那里建立政权，革新政治。组织群众团体等，同样成绩卓著。聂荣臻听了这些喜讯，真为周恩来高兴。

两次东征，周恩来都作出了重大贡献，再次表现了他出类拔萃的组织领导才能。

聂荣臻到黄埔军校，被任命为政治部秘书兼政治教官。周恩来指示聂荣臻，在工作中要利用一切机会，积极开展党团活动。周恩来说，蒋介石要限制我们，我们要教育党团员，开展各种活动，争取进步青年，以反对他的限制。黄埔有党团领导小组，由鲁易（当时是黄埔军校政治部副主任）负责，以后由熊雄负责。聂荣臻去后，周恩来要聂荣臻作为领导小组成员之一配合鲁易同志在学生中发展党团员，壮大左派力量，削弱右派势力。周恩来还向聂荣臻介绍了左派"青年军人联合会"与右派"孙文主义学会"的斗争情况，要他们积极指导"青年军人联合会"。聂荣臻和鲁易、熊雄等根据周恩来的指示精神工作。由于指导思想明确，又有周恩来过去在黄埔的工作基础和重要影响，所以他们的工作比较顺利，各方面都取得了成绩。蒋介石是极端看重军权的。在他看来，共产党所进行的工作，是在挖他的墙脚，所以非常仇视。

当时的黄埔军校，为北伐培养了大批军官。这其中，周恩来的历史功绩是不可磨灭的。

1926 年 3 月 20 日，蒋介石制造了"中山舰事件"。这一天，聂荣臻和其他一些共产党员，被突然扣留在中山舰上，周恩来被软禁在造币厂。经过我们党的交涉，蒋介石自感羽毛未丰，慑于左派势力强大，不得不于当天释放了他们。聂荣臻来到区党委，陆续会到了陈延年、周恩来、黄锦辉等。大家在一起议论，都非常气愤，一致主张给蒋介石以反击。周恩来作了具体分析，他说，2 月份蒋介石驱逐了一名左派师长，就有反共苗头，他曾向组织报告过，但没有引起重视。现在的情况是，国民革命军 6 个军中，只有第一军是直属蒋介石指挥的，其他 5 个军都不会听他的，有的还想乘机搞掉蒋介石。而在第一军的 3 个师中，有两个师的党代表是共产党员，9 个团的党代表，我们占了 7 个，团长中有金佛庄、郭俊是共产党员，营以下各

级军官和部队中的共产党员也不少，至于同情左派的革命力量就更大了，第一军又是黄埔军校教导团的底子，党的传统影响很大，我们是完全有能力反击蒋介石的。同志们都同意周恩来的分析。同时，大家也议论，把蒋介石搞下台，其他几个军长同样是些军阀，只要革命侵犯到他们的利益，他们也是会反共反人民的。周恩来说，究竟怎么处理，要由党中央决定。大家在紧张中等待党中央的决策。过了几天，周恩来向军委的几个同志传达，说陈独秀决定向蒋介石让步。于是，共产党员退出第一军。

"中山舰事件"无疑是中国共产党的一次重大挫折。但周恩来在这一事件中的头脑是清醒的，立场是正确的，如果按他的意见办，那当时的中国革命，就可能是另外一种局面。

"中山舰事件"后，周恩来被免去了在第一军的职务。聂荣臻被免去了在黄埔军校的职务，在周恩来领导下，专门从事区党委军委的工作。不久，军委以主要精力为北伐战争作准备。1926年5月，叶挺独立团北伐途经广州，周恩来要聂荣臻跟他一起去独立团，并召开了连以上党员干部会议。会上，周恩来讲话，分析了形势，指明了任务，他要求共产党员身先士卒，使独立团完成好北伐先锋的光荣使命。并且用"饮马长江"的豪言壮语鼓励大家。叶挺领导的独立团，后来在北伐中作出了特殊贡献，被誉为"铁军"。这期间，周恩来还常召集各部队的共产党员布置北伐任务，并作为区党委军委负责人，协助苏联军事顾问加仑将军制定了北伐蓝图。7月，北伐正式开始。周恩来通知聂荣臻，区党委决定聂荣臻任军委特派员，到北伐军中从事联络工作，沟通区党委、各地党组织与北伐军中党员之间的关系。原定聂荣臻由陆路北上，但当时粤北、湘南霍乱流行，周恩来决定聂荣臻改道上海、武汉、岳阳经水路秘密赶赴长沙，与北伐军会合，要聂荣臻经过上海时向中央军委汇报一下北伐蓝图。

周恩来没有直接参加北伐，但他为北伐做了大量准备工作，对北伐的胜利，同样是作出了重要贡献的。

1927年3月，周恩来与赵世炎、罗亦农同志等一起，成功地领导了上海工人第三次武装起义。不久，蒋介石发动了"四一二"反革命政变，血腥屠杀了大批共产党员和革命群众。中央命聂荣臻和李立三紧急赶到上海，了解情况，帮助处理善后事宜。他们到上海后，在赵世炎家中碰头开了会。

会上，周恩来沉着冷静地分析了形势，提出了应变措施。聂荣臻向他转达了中央意图，要聂荣臻帮助他整理工人赤卫队，以减少损失，周恩来表示同意。于是，我们共同拟订了计划，将工人赤卫队迅速转入秘密状态，把枪支弹药隐蔽了起来。针对蒋介石的反革命行为，周恩来起草了致中央的意见书，建议中央推动武汉国民政府令北伐军东征讨蒋。

三

1927年5月，聂荣臻与周恩来由上海同赴武汉。7月上旬，汪精卫、蒋介石合作反共的阴谋已经十分明显。陈独秀的右倾机会主义到了再也混不下去的地步。7月12日，根据共产国际的指示，陈独秀被停职，组成了中共中央临时政治局常务委员会，周恩来是5名常委之一。7月中旬，在一次中央常委会议后，周恩来回军委连夜召集聂荣臻等开会。周恩来说，共产国际指示，我们党要组织一支50000人的军队，要用革命的武装反对反革命的武装。因此，结合当前的形势，中央已经决定组织武装起义。周恩来说，为使起义能顺利进行，做好准备工作很重要。决定由贺昌、颜昌颐和聂荣臻等组成前敌军委，聂荣臻为书记，先到九江做起义的准备工作，通知部队中连以上党员干部，做好起义的思想和行动准备。什么时候行动，要等中央最后通知。周恩来说话时态度严肃，语调坚定，给人以强烈的紧迫感。

根据指示，聂荣臻等迅速赶到九江，先向叶挺、贺龙部队中的连以上党员干部作了传达，他们随即开赴南昌。聂荣臻又向其他有关的党员干部作了传达。7月26日，周恩来到达九江，对聂荣臻说，中央已经决定在南昌发动武装起义，由我任前敌委员会书记，负起义总责。周恩来交代聂荣臻设法在马回岭地区把第二十五师部队拉出来参加起义，他本人则先到南昌，以叶、贺两部为骨干组织起义。由于当时很难沟通电讯联系，他约定，事成后从南昌立即发一列空车皮来，聂荣臻等就把拉出来的部队和辎重装上，开赴南昌。在周恩来等领导下，8月1日南昌起义取得了伟大胜利。聂荣臻带领第二十五师的七十三、七十五两个团和七十四团侦察连，按计划于8月2日赶到南昌。聂荣臻等把第二十五师的基本部队拉了出来，周恩来是满意的。他说，你们的行动很成功，原来没有想到会这样顺利。

南昌起义部队按原定计划南下广东，一路上与钱大钧、黄绍竑、薛岳等军阀部队打了几仗，其中最激烈的是第一次会昌战斗和后来的汤坑战斗，敌我伤亡都很大。南下途中的三河坝分兵，把战斗力最强的部队之一第二十五师留在三河坝，分散了兵力，使起义军在潮汕地区遭受了严重挫折。后来，二十四师余部由董朗同志率领转到了东江，二十五师余部由朱德、陈毅率领，经闽南、粤北转战到了湘南。汤坑受挫后，聂荣臻和叶挺赶到流沙，找到革命委员会，见到了周恩来。他当时正在发高烧，昏迷中，仍在高喊"冲啊！冲啊！"他那高昂的革命精神实在感人。敌人冲来，把革命委员会的大部分成员冲散了。周恩来病重，聂荣臻和叶挺两人只有一支手枪，紧紧护卫着他。聂荣臻不会讲当地话，又不熟悉情况，于是找到杨石魂，要他护送他们去香港。杨石魂找来一副担架抬周恩来，并先把聂荣臻他们隐蔽在老乡家里。后来又找到一条小船，周恩来、叶挺和聂荣臻，就由杨石魂护送到了香港。

南昌起义最后失败了，这里面有历史的和主客观条件等多方面的原因。周恩来在这次具有伟大历史意义的起义中，有坚定的武装斗争思想，向国民党反动派的血腥屠杀政策勇敢地打响了武装反抗的第一枪，这是很宝贵的。南下途中某些指挥上的失误和三河坝分兵，主要的责任不在他，事后他向中央作了自我批评，表示要负主要责任，这种精神同样是十分可贵的。

四

1928 年到 1931 年，聂荣臻从事了四年艰险异常的白区斗争，又数度在周恩来领导下工作，有几件事给聂荣臻印象很深。

1928 年初，总结广州起义失败的经验教训，李立三错误地处分了大批参加起义领导工作的同志，引起大家强烈不满。三四月间，周恩来代表中央到香港重新作结论，实事求是地从主客观方面总结起义失败的经验教训，纠正了李立三的错误做法，得到同志们拥护，聂荣臻也是衷心赞同的。周恩来在香港时，聂荣臻给他看了一张剪报，上面有周文雍、陈铁军在敌人屠刀面前，举行"刑场上的婚礼"，然后英勇就义的消息和照片。周恩来深情地说，我跟聂荣臻有同感，我与两位烈士也熟悉，烈士的事迹确实催人泪下，他们是共产党人为革命视死如归的典范。对烈士的哀思，使聂荣臻他们相对默默。4 月间，聂荣臻和张瑞华结婚，周恩来专程到他们住所表示祝贺。

1930 年初，聂荣臻由香港调天津顺直省委任组织部长，途经上海受领任务，又见到了周恩来，他当时是中央军委书记。周恩来告诉聂荣臻，顺直省委书记张慕陶有托派嫌疑，中央决定以调动工作的方式，免除张的职务，所以，你和贺昌去后的主要任务是夺他的权，但要注意不动声色，以免打草惊蛇。聂荣臻他们遵照指示，顺利地完成了任务。

1930 年 5 月，聂荣臻调到上海中央特科工作，周恩来当时正在苏联。8 月，他回到上海，立即为准备召开六届三中全会而紧张地工作。不久，聂荣臻又调军委作周恩来的助手。9 月下旬，周恩来与瞿秋白同志一起，主持了六届三中全会。会议作出决议，批评了李立三要组织全国总起义，以及集中红军主力攻打中心城市等"左"倾冒险主义错误。聂荣臻列席了这次会议。周恩来是这次全会的实际主持人，但他很谦虚，总是把瞿秋白推到前台，让他主持会议，作报告，发表结论性意见。

1931 年 4 月，发生了中央政治局候补委员、中央特科主要负责人顾顺章被捕叛变的严重事件。聂荣臻得悉钱壮飞报告的消息后，深知问题的极端严重性。特科是党中央的安全保卫机关，顾顺章几乎知道中央机关和负责人住址等全部情况。他的叛变，使中央领导机关面临遭受毁灭性破坏的威胁。周恩来是顾顺章要加害的首要目标，于是聂荣臻火迅奔赴周恩来住处，想向他报告和商定对策。周恩来不在，聂荣臻见到了邓颖超，把情况告诉了她，要她带上必须带而又能够带的东西，立即离开住处，越快越好，聂荣臻到别处继续找周恩来。当天，周恩来与陈云商定了对策，又找到领导军委和特科的陈赓、李克农、李强等几位同志。分工负责，在两三天的时间里，把顾顺章知道的所有机关和负责同志的住处都搬了家。顾顺章指引特务来上海搜捕时，一一扑空。陈赓是特科反间谍工作的负责人，平时就是周恩来的得力助手，这次在处理顾顺章叛变事件中，作出了突出贡献。处理顾顺章事件，再次表现了周恩来沉着镇静，临危不惧的品德和非凡的组织领导才能。

1931 年春天，聂荣臻逐渐发现中央各苏区程度不同地出现了肃反扩大化的倾向。到处在抓 AB 团、社会民主党、改组派等所谓混入革命队伍内部

的阶级敌人。他与大家议论，各地红军在不断打胜仗，如果内部真有那么多反革命分子，这些胜利的取得，就不可想象，也是不合逻辑的。1931年夏天。欧阳钦同志到中央苏区了解情况，回来汇报了那里肃反扩大化的事例，大家更感到了问题的严重性。于是，聂荣臻向周恩来作了汇报。周恩来同意大家的看法，并向中央写信，建议予以纠正。中央接受了周恩来的意见，通知各苏区注意。此后，各地逐步纠正了肃反扩大化的错误。

全国解放后，聂荣臻抓科学技术，抓突破"两弹"的工作。在毛泽东的决策下，周恩来的直接领导下，聂荣臻辛勤工作，使我国的导弹、原子弹，在当时极端困难的条件下，能够迅速研制出来。

（荣　闻）

两个四川老乡　两位革命元勋

——聂荣臻和邓小平

聂伯伯和父亲邓小平同为四川同乡，又同为中国革命历史上两位杰出的代表人物。

他们每个人的经历，都是一部富于传奇色彩的光辉篇章；而由他们这一代人所共同谱写的，则是我们民族辉煌灿烂的革命史诗。

那是近72年前了！

1920年10月20日，一艘万吨法国邮轮"鸯特莱蓬"号，缓缓停靠在法国南部港口——马赛。船上的80多名赴法勤工俭学学生列队走下船舷，踏上了法兰西的土地。

在这批留法勤工俭学学生中，有一位年仅16岁的四川青年，名叫邓希贤。他，就是后来的邓小平。

第二天，这批学生到达巴黎，欢迎他们的人中，有一位来法勤工俭学的四川同乡，他，就是聂荣臻。

从近72年前的那一天起，这两位四川老乡，便结下了非同一般的友谊。

西方并非天堂，法国也绝非乐土一片。1000多名中国的勤工俭学学生来到法国后，到西方求学和追求理想的美好愿望，很快便为冷酷的现实所破灭。

那时，正值第一次世界大战结束后西方世界的经济萧条。西方国家本身工厂开工不足，物价上涨，失业严重，这些千里迢迢来到异国他乡的留法勤工俭学的中国学生，很快地绝大部分就因经济原因而相继失学。

为了达到继续求学的理想，他们便去勤工俭学，纷纷进入法国各地的工厂做工。但是不久，因为经济不断恶化，千余学生中，除了极少数人可以自费读书外，有工作的已不到300人。而由于失工生活无着，被迫在华法教育会领取生活维持费的学生竟达500人之多。

这时，失工、失业的困顿，已使大多数勤工俭学学生充分体验到了西方社会冷酷、严峻的现实。在法学生所面临的是失学，是失业，是饥饿，甚至是死亡。

在这种前途渺茫的状态下，留法勤工俭学学生心中的愤怒和积怨，像火山般地爆发了出来。在蔡和森、赵世炎、周恩来等人的领导下，他们进行斗争了。

他们进行了"反饥饿斗争"，进行了抗议中国政府秘密向法国政府借款以购军火的"拒款斗争"，进行了为争得学习权利的"争回里昂中法大学斗争"。

在这一系列斗争之后，留法勤工俭学学生的斗争觉悟大大提高，在他们之中，一批先进的青年在寻求真理的道路上坚定地选择了共产主义。

1922年6月，由周恩来、赵世炎等人发起组织的"旅欧中国少年共产党"（后改名为"旅欧中国共产主义青年团"）成立了。不久，聂荣臻，邓希贤（邓小平）等一批进步学生也相继加入"少共"。

从此以后，聂荣臻和邓小平，由一般的同乡和同是勤工俭学学生的关系，进一步上升到革命战友的战斗情谊。

在法国，他们一同参加会议，一同进行革命活动，并先后转为中国共产党党员，成为终身职业革命家。

此后，他们又先后被党组织派到当时的革命圣地苏联学习，先后回到他们的祖国，直接投身于中国革命的最前线。

他们参加了第一次国内革命战争，经历了"四一二"蒋介石叛变革命

后白色恐怖的腥风血雨。此后，聂荣臻参与领导了八一南昌起义和广州起义，邓小平领导了广西百色起义……

在经历了风风雨雨、坎坷不平的革命历程后，1935年6、7月间，他们又走到一起了。

在长征过草地前，在毛儿盖，父亲从中央秘书长任上调到红一军团任宣传部长，而红一军团的政治委员就是聂荣臻。

从这时开始，直到抗日战争爆发父亲调到总政治部任副主任的两年间，父亲和聂伯伯一直战斗在一起，工作在一起。

那是在西安事变发生前，父亲在甘肃庆阳得了非常严重的伤寒病，昏迷不醒，什么东西也不能吃，生命十分危险。正好此时张学良将军和共产党搞统战，派人送来两车慰问品，其中有一些罐装牛奶。

聂伯伯当即决定：所有的牛奶全给小平。

正是靠了这些牛奶，才救了父亲的命。

七七事变爆发后，红军改编成八路军，一一五、一二〇、一二九3个师及其他的八路军抗日队伍，雄姿英武地走上抗日战场。父亲和聂伯伯，在不同的战线，对日本侵略者进行了艰苦卓绝的神圣抗战。

1945年，在党的第七次代表大会上，父亲和聂伯伯同时被选为中国共产党中央委员会委员。

八年抗战结束后，父亲、聂伯伯和其他的中国人民解放军高级将领，在毛主席、朱总司令和党中央的英明指挥下，屡战屡胜，战绩辉煌，最终夺取了解放全中国的伟大胜利。

1952年，我们家随父亲从四川迁往北京。说来也巧，正好住在聂伯伯家的隔壁。

那是在景山的东北角上，一条小胡同里，一道不高的围墙，把我们隔成两家。墙上有一个小木门，打开门，两家就成了一家。

父亲和聂伯伯，两个四川老乡，两个革命军事委员会副主席，两个国务院副总理，两个中共中央政治局委员，两个亲如兄弟的革命老战友，住在一起，来往更加频繁了。

晚上，饭后，只要有时间，聂伯伯、张妈妈，总要和我们的父母亲一起去散步。在北海公园那湖光塔影之畔，在景山公园那苍郁翠绿之中，留下了多少他们那轻松的脚步，留下了多少他们那欢快的笑声。我和我的弟弟飞飞，才上幼儿园，下学后，从来是问都不用问，开门就钻进聂伯伯家的院子，去爬假山，去钻山洞，去摘藤萝架上长满了的长豆角。

聂伯伯和张妈妈只有一个女儿——力力姐姐，家里没我们这样的小不点儿，因此，他们很喜欢我和飞飞。只要我们一去，张妈妈就又是拿糖，又是拿水果。在我们心里，从小就把聂伯伯和张妈妈看成和我们自己的爸爸妈妈一个样儿。

1957 年，我们搬家了。但是，爸爸和聂伯伯之间的亲密友谊依然如旧。爸爸常常会带着我们全家人一起去聂伯伯家吃四川小吃——豆花。爸爸说，聂伯伯家的豆花最地道。因此，我们从来也不见外，隔一段时间，就自动提出"打一次秋风"。聂伯伯家平时人少清静，我们家一去就会热闹一场，每逢此时，张妈妈总是忙东忙西，而聂伯伯却总是看着我们这乱哄哄的一大家子人，斯文而满意地微笑。

啊，那是哪一年？力力姐姐结婚了，生了一个又小又乖的小女儿，取名叫非非。在北戴河，爸爸妈妈带着我们去聂伯伯家玩，大家围着襁褓中的小非非一个劲儿地看，聂伯伯和我的父亲，两个爷爷，看着这第一个小孙辈，开心地、慈祥地笑了，笑中透露着那种当爷爷的心满意足。

一个春秋过去了，又是一个春秋。时光流逝，岁月如梭。转眼之间，60年代过去了；转眼之间，十年浩劫也过去了。

光阴流转，阴霾扫尽，又是一番鸟语雁鸣，又是一番百花盛开，又是一番春回人间。

聂伯伯复出工作了，父亲复出工作了，他们仍旧尽职尽责地为国工作，我们两家还是亲情如故，往来不断。

后来，聂伯伯退休了。再后来，父亲也退休了。

但是，像他们这样的老战士，革命是永无止境的。

聂伯伯虽身患重病，但始终为党为国，操劳思虑不已。父亲退休后，已不大外出，但时不时地还是去聂伯伯家走动一下，探望一下，凡有要事都去通报一下。

每当他们坐在一起，父亲总是亲热地高喊"老兄"；每当他们坐在一起，话长话短，总还是离不开党、国家、人民和军队；每当他们坐在一起，

半个多世纪的时光，好像一下子就会浓缩变醇；每当他们坐在一起，那些历史巨变和艰苦岁月，都好像顿失其色，而化为可以弹指一挥的刹那瞬间。

直到 1990 年 10 月 15 日，86 岁的父亲，还迈出家门，去聂伯伯家探望了他那 91 岁的老兄。

父亲说：过了 90，就是胜利！

70 年过去了，他们依然乡音未改。70 年过去了，他们的友情随着时日的增加而愈益弥坚。

1991 年 12 月 29 日，聂伯伯 92 岁大寿时，妈妈代表父亲，去向聂伯伯祝贺生日。

聂伯伯躺在病榻之上，接受了我们带去的美丽的鲜花。花束的飘带上写着：

"祝荣臻同志健康长寿！邓小平、卓琳率全家。"

聂伯伯说，你们回去替我问小平好。

他叫我过去，拉着我的手，说："毛毛，我还没有和你聊天呢！"我为了了解父亲和聂伯伯的革命历程以及他们之间相濡以沫的战斗友谊，曾提出要求，请聂伯伯给我讲点"故事"。没想到，在病痛之中，聂伯伯居然还记得我的这个小小的请求……

聂伯伯身患疾病已非一朝一夕，他之所以能够一次又一次地战胜疾病，完全是靠了他那惊人的毅力，完全是靠了他那革命者所特有的坚强意志。他那早年即远涉重洋寻求真理的壮志，他那叱咤风云驰骋疆场的英姿，他那不惧艰难夺取尖端科技制高点的勇气，他那抗拒病患乐观坚毅的革命斗志，他那近一个世纪的充满传奇色彩和光辉业绩的革命生涯，哪一样不令人钦佩折服，哪一样不足以令后世后人永远感念学习！

在 20 世纪的史册里，你能找出多少人，具有这样的风采和光辉！只有在中国，只有在中国这片广袤丰润的沃土之上，才能孕育出聂伯伯和他的战友们这样出类拔萃的杰出人物。

父亲和聂伯伯，72 年的革命战友，72 年的亲如兄弟的浓厚友情，此种豪情，此种风采，任你抚古述今，知晓中外，又能找到几人，可以与之相比！

（毛　毛）

在"澳星"发射的日子里

——聂荣臻和江泽民

从中国长城工业公司与美国休斯公司在 1988 年 11 月 1 日签订发射"澳星"的合同那天起，聂帅就把这件事放在了心上。他叫工作人员把有关"澳星"的报道和文件都要念给他听，没听清的地方还要再念一遍。女儿女婿回到家里，他也不时要他们给他谈"澳星"的情况。

他知道为了这次发射，新研制了代号为"长征 2 号 E"的捆绑式大推力火箭，发射塔架也是新研制设计的，而且一切准备工作进展顺利，他感到无限的欣慰。他说，给外国人发射卫星这是第二次，上次发射"亚星"我们搞得很成功，这次我们也要重视，一定要搞好。那些日子，聂帅一直沉浸在期盼之中。

然而，聂帅的病在一天天加重。党和国家领导人都非常惦记聂帅病情，并不时地去看望他。一天，江泽民总书记和李鹏总理等去看望聂帅后对他身边的工作人员说：聂帅的身体健康是第一的，你们要全力照顾好他老人家，不要让他累着，一定要让他心情舒畅，多给他讲一些高兴的事，坏消息一点不能讲。江泽民总书记最后还打着比方说："这叫报喜不报忧。"……工作人员记住了总书记的嘱托。可是，"澳星"发射受挫的消息传来后，工作人员着实不知道怎么办才好了。

发射"澳星"的日子已经过去了，但病榻上的聂帅却不知道"澳星"受挫的消息。他总是关切地问："澳星"怎么样？何时发射？时间推迟了吗？……一连串的问号，在一个垂暮老人的胸腔中不时地发出，那么真诚，那么殷切，那么专注，而且几乎天天在追问。怎么办？告不告诉他呢？聂帅虽然病重，可他的神智却十分清醒，你想说谎是行不通的，你瞒不过他。工作人员都知道聂帅的脾气：他交代和关心的事，你一定要认真去办，决不能打一点折扣，也不能用"大概"、"也许"、"可能"这样的话去搪塞他。他向来言语不多，但说话颇有分量，工作人员如果马马虎虎，那是准

要挟剋的。工作人员最后商量，与其这样捂着盖子，不如把真情告诉聂帅，也许这样会比让他总是悬着一颗心好一些。于是，大家把"澳星"的坏消息告诉了他。

听完后，聂帅沉默了，脸上飘来一丝阴云，久久没有散去。他没有因此而承受不了这个打击，只是异常冷静地凝目沉思着，就像当年在战场上遇到不利的情况那样镇定自如，指挥若定。隔了好半天，他像是自言自语又像是问工作人员：不是一切准备得很好吗？出了问题是什么原因？当时工作人员只能回答正在查原因，是什么问题还不太清楚，聂帅就不再言语了。

第二天，聂帅仍然那么平和、安宁。他对工作人员说：我听到"澳星"的消息刚开始心里是不好受的。我想到的是我们的发射应该一次比一次搞得好。但话又说回来，发射哪能保证回回成功呢？美国的"挑战者号"不是也爆炸了吗？"阿丽亚娜"火箭也有失败的时候嘛。我们以前的发射也不是没失败过。我很早以前就说过，失败不可怕，可怕的是不从失败中吸取教训。聂帅对身边的一位老工作人员说，你还记得过去的那些事吗？

这位老同志跟随聂帅几十年了，怎能不记得聂帅在风雨岁月中那些感人的情景呢？

从60年代起，聂帅就倡导国防科技战线上的同志要用严肃性、严格性、严密性这"三严"来要求自己。并要求大家时刻记住周总理对科技工作提出的"十六字方针"。他还说过，发射火箭是一个复杂的系统工程，一丝一毫不能马虎，往往是一个螺丝帽没拧紧、一根导线折断、一个焊点虚焊、一块组件的失灵便会功亏一篑。老同志清楚地记得：那是1962年3月，我国的一枚导弹发射失败了，科技人员心情都很沉重，有的人甚至哭了。聂帅当时一句怨言也没讲，而是对大家说：科学试验允许失败。我们不要怕挫折，哪里摔倒就要在哪里站起来。要从所付的学费中找到解决问题的办法……

30多年过去了，聂帅仍然是这个态度。他后来对国防科工委的同志说："澳星"的问题你们要认真查找原因，总结经验教训。下一步如何严格把关，都要很好地加以研究解决，希望你们再接再厉，我等着你们的好消息。当听说"澳星"准备再次安排在今年8月发射时，聂帅若有所思地说："哦，那一天，我能等到吗？"

1992 年 5 月 14 日，聂帅走完了他辉煌的生命里程，他没能等到"澳星"再次发射的日子。

他把他最后一个遗愿留给了我们，我们该怎样告慰聂帅的在天之灵呢？

人事有代谢，

往来成古今，

江山留胜杰，

我辈复登临。

8 月，有一个英灵在等待着！

（瞿陈文）

"建军建国，荣臻同志都是功臣"

我和荣臻同志相识半个多世纪，他运筹帷幄，身经百战，百折不挠，治军建国，终生不渝的战斗历程，我是很熟悉的。是中国共产党领导的武装斗争和建设事业，造就出荣臻同志这样大智大勇、文武兼备的共产主义战士；他以自己非凡的组织领导才能和军事指挥艺术，为党为人民立下了不朽的功勋。

1933 年初，我从上海党中央到中央苏区机关工作。当时，荣臻同志任红一军团政委，正率部参加第四次反"围剿"斗争，从前线不断传来他们打胜仗的消息，尤其是黄陂大捷，草台冈获胜，歼灭大批敌人，俘虏敌将领，缴获武器弹药，令人振奋。这年 8 月 1 日，在滕田举行的阅兵式上，我第一次见到荣臻同志。他瘦高身材，穿着灰布军衣，威武刚强中透出儒雅的气质。我知道荣臻同志出生于四川农村，上中学时就积极参加学生爱国斗争，后怀着富国强兵的壮志，负笈出川，远涉重洋，赴法勤工俭学。在那里，他从一个向往科学救国的热血青年，转变成为共产主义者。回国后，他任职黄埔军校，投身北伐战争，在上海协助周恩来同志把大批工人纠察

队转入地下，参与组织发动南昌起义、广州起义，在香港、上海、天津等地坚持秘密工作，是一位有着丰富斗争经验的领导干部。先闻其名、后见其人，这次见面给我留下了很深的印象。

不久，我到红三军团当政委，军团长是彭德怀同志。红三军团和红一军团经常互相配合，并肩作战，三溪圩反击战、广昌保卫战，就是这两个军团一起打的。这时正在进行第五次反"围剿"，红军尽管在局部打了一些胜仗，整个形势却越来越严峻，仗也越来越难打。我们都从战斗实践中感到，"左"倾机会主义的错误领导和指挥，是不能打破敌人"围剿"的。长征开始后，我们两个军团从两翼掩护中央纵队与大部红军突破敌四道封锁线，伤亡很大。基于这些认识的深化，我们在遵义会议上都坚决支持毛泽东同志的正确主张。会上，荣臻和许多同志用亲身经历的事实，批判"左"倾军事路线的错误及造成的危害，赞同毛泽东同志的意见、张闻天同志的报告和会议决议。讨论下一步行动方向时，他和刘伯承同志建议，打过长江去，到川西建立根据地，并具体分析了四川优于贵州的条件。这个建议，经过大家商量，被会议所采纳，只是后来情况发生变化，未能付诸实行。荣臻同志在遵义会议上的坚定态度，我至今难忘。

在曲折前进的道路上，总会出现各种各样的情况。考验着每一个革命者。荣臻同志经受住了一次次严峻的考验。遵义会议纠正错误的军事路线、从组织上改变党的领导后，在毛泽东同志的指挥下，我们分别参与组织红一军团和红三军团协同作战，勇猛穿插，避实击虚，四次渡过赤水，两度占领遵义，反复争夺娄山关，取得了长征以来作战上的主动权，共享胜利的喜悦。渡过金沙江后，荣臻同志出任中央红军先遣队政委，与司令员刘伯承同志一起，率部通过彝族区，强渡大渡河，翻越雪山，跋涉草地，为红军前进打开通路，胜利实现了一、四方面军的会合。这时，张国焘出于个人目的，坚持南下，分裂党和红军，荣臻同志坚决拥护党中央北上抗日的正确方针，率领部队攻占腊子口，跨过西兰路，跟随党中央到达陕北。在错综复杂的环境里，他始终保持坚定不移的信念，高度的党性原则，义无反顾的精神，这确实是难能可贵的。

抗日战争爆发后，我和荣臻同志先后抵达山西抗日前线。他任八路军一一五师副师长、政治委员，率部匆匆赶赴晋东北，抵御南进的日军，我则留在北方局工作。当时，国民党军队节节败退，日军长驱直入，骄横一时。出师不久的一一五师首战平型关，一举歼灭日军坂垣师团第二十一旅团1000多人，打下中国抗战以来的第一个大胜仗。消息传来，我们无不欢欣鼓舞。这一仗打出了中华民族的志气，树立了八路军的威信，八路军总部和北方局立即通电热烈祝贺。太原失守前夕，荣臻同志被任命为晋察冀军区司令员兼政治委员，带领3000兵力，留在被隔绝的敌后，在晋察冀三省边缘地带创建抗日根据地。我随总部和北方局到了晋南。荣臻同志受命之后，四面被敌围困，战局瞬息万变，我们对荣臻和坚持敌后的同志非常惦念。这是我们党在敌后建立的第一个抗日根据地，环境残酷，困难很大，到底能不能站得住脚？许多困难能不能克服？总部和北方局一直在注视着他们，党中央和毛泽东同志也极其关心他们。因为，只要这里成功了，其他地区都可以借鉴。后来，我们从荣臻同志的多次报告中，得知他们由于实施了正确政策，把各种抗日力量团结在周围，不仅在敌后牢牢扎下了根，并且初步积累了创建根据地的经验。我们将这些情况报告给党中央和毛泽东同志，毛泽东同志很称赞。荣臻同志创造性地执行党的路线方针政策，很快把活动区域从五台山区扩展到冀西、冀中、雁北、察南和冀东，并于1938年初创立了敌后第一个统一的抗日政权——晋察冀边区临时政府。他们依托这块根据地，灵活机动地进行游击战，粉碎了日军多次"围攻"，取得了一系列诸如击毙日军"名将之花"阿部规秀这样显赫中外的辉煌战果。

1940年春天，荣臻同志率晋察冀军区南下支队，到晋东南参加讨伐顽固派朱怀冰的战役，我们才得以在敌后见面。荣臻同志这次到晋东南，在总部驻地王家峪住了一段时间，他向总部和北方局详细汇报了晋察冀根据地的工作，还在机关干部大会上介绍了坚持敌后抗战的感受和经验。这期间，我和荣臻同志叙谈多次，还一同参加了总部安排的庆功会，一起检阅作战胜利归来的部队。我曾同荣臻同志谈到，读了他写的《抗日模范根据地晋察冀边区》一书，也读了毛泽东、朱德、王稼祥同志分别作的序言，很受启发。他说，晋察冀根据地的开创成功，完全是执行党中央和毛泽东同志制定的方针路线的结果，他在这本书里记下的，不是什么独创的东西，而是实际运用中的感受和体会，这次来晋东南，他又学到了许多新东西。话语之中，充满着谦逊好学、坦率真诚的精神，令我十分感动。荣臻同志

在总部逗留期间，还与德怀、左权、伯承、小平等同志多次讨论，研究组织以正太铁路为重点进行大规模交通破袭战的问题，并且商定了作战时间和作战区域。荣臻同志返回晋察冀后，晋冀鲁豫和晋察冀地区部队便在正太路全线发起大规模破袭战，这就是历史上著名的"百团大战"。荣臻同志亲临正太路东线指挥，一举取得攻占战略要地娘子关和歼灭井陉煤矿守敌的重大胜利。

在抗日战争最艰苦的阶段，荣臻同志以无畏的胆略和巧妙的指挥，胜利粉碎了日军多次"扫荡"、"封锁"和"蚕食"，使晋察冀这一抗战堡垒巍然屹立于敌后。1941年秋天，日军对晋察冀根据地进行空前规模的"大扫荡"，荣臻同志带少数兵力，掩护边区机关数千干部突围，陷于日军重重包围之中，同党中央、八路军总部、北方局都中断了联系，总部电台一连几天呼叫不到他们，我们大家焦急得很。正当总部计划抽调部队支援时，得知荣臻同志他们已从敌人合击的缝隙中跳出包围圈，我们才松了一口气。荣臻同志处险不惊、沉着冷静的胆略与气魄，在他戎马倥偬的军事生涯中始终是十分突出的。1942年，他适时提出"向敌后之敌后挺进"的斗争方针，打破了日军的"堡垒政策"，使晋察冀根据地得到新的发展，为华北抗战的胜利打下了坚实基础。

荣臻同志在抗日战争中建立的丰功伟绩举世瞩目，是他辉煌历史上极其壮丽的一页。他创立、巩固和发展晋察冀抗日根据地的光辉实践，极大地丰富了毛泽东军事思想，成为我党我军理论宝库中的一份宝贵财富。

抗日战争胜利后，他与小平、伯承、陈毅等同志乘飞机离开延安，奔赴各大战略区，我去机场送行，共勉珍重，预祝胜利。后来我在晋西北的时候，听到荣臻同志挥师正太线、歼敌清风店，解放石家庄等捷报频传，十分高兴。

1948年4月，我在前往河北平山西柏坡的路上，看到晋察冀地区群众热情支前，翻身农民踊跃参军，广大妇女车拉肩扛运送公粮，真切感受到了荣臻同志发动群众的成功。我到西柏坡后，荣臻同志的司令部在阜平县城南庄，这一段我们见面不多，但时常听到荣臻同志的工作情况。特别是他任平津战役总前委领导成员后，他与林彪、罗荣桓关于平津战役作战的请示报告，经常由我们收接后呈送中央领导同志。在随后和平解放北平中，荣臻同志又做出了重大的贡献。在筹备开国大典的日子里，经常见到荣臻同志四处奔忙，迎接中央机关进城，整顿城市治安秩序，组训受阅队伍，为新中国定都北平做着繁忙的准备。建军建国，荣臻同志都是功臣。

新中国成立之初，我和荣臻同志同在中南海办公，他任代总参谋长，我在中央办公厅，共同工作、朝夕相处的这段时间，更加深了我们的亲密情谊。荣臻同志白天处理总参日常事务，夜晚经常到毛泽东、周恩来同志处汇报和开会。每次同我见面时，他不是谈进军西南和剿匪，就是谈部队精简整编，或者是组建军兵种，加强军事院校建设等问题。朝鲜战争爆发后，他负责出国部队的调动，组织后勤保障，更加忙碌，有时几天睡不了觉。我劝他注意休息，他虽然答应了，但实际上很难做到。1952年秋，他终因劳累过度，昏倒在办公室里，被送进医院。我每次去医院看他时，他还是谈工作上的事情。病情稍好，他就急着出院工作。直到抗美援朝战争停下来后，在毛泽东同志一再催促下，他才去外地休息治疗。当时，瑞华同志正患病，伯钊同志恰好也要到外地去，我嘱咐她与荣臻同志同行，以便照应。

1956年，荣臻同志的身体状况有了好转，邓小平同志代表党中央征求他对工作安排的意见，他选择了主管科学技术工作的重任。在当时极其困难的条件下，荣臻同志日夜操劳，呕心沥血，制定落实科学规划，组建科研机构和科技队伍，建设试验基地和科技院校。组织协作攻关，主持研制以导弹、原子弹为主要标志的尖端武器。60年代初，针对"两弹"是"上马"还是"下马"的问题，荣臻同志召集有关部门认真研究，把坚决"上马"的决心和理由报告了中央，毛泽东、周恩来等中央领导同志都赞成。这期间，他给党中央、毛泽东同志的报告，是经我转送的。每当我读到荣臻同志的报告，总能感受到他那种振兴国防工业的强烈愿望和雄心壮志，令人钦敬。荣臻同志抱病深入科研单位，认真调查研究后，主持制定了"科学工作14条"，邓小平同志称其为我国"科技工作的宪法"。荣臻同志特别尊重知识、尊重人才，关心科技人员。1960年生活困难时期，荣臻同志向各大军区求援，调集大批鱼、肉、大豆等副食品，为国防科研人员改善生活，极大地调动了他们的积极性和创造性。1964年10月，我国爆炸第一颗原子弹那天，荣臻和恩来同志一直守在电话机旁，始终和现场保持着

联系。听到爆炸成功的喜讯，我们都非常振奋，当时的激动场面，至今还历历在目。"两弹"的研制成功，是荣臻同志革命生涯中的又一光辉篇章，他为我国尖端武器的发展和航天事业作出的重大贡献，将永载史册。

十年动乱后，我回到北京，荣臻同志即派女儿聂力代表他来看我。几天后，我和伯钊去看望荣臻和瑞华同志，劫难之后相聚，真是悲喜交集。荣臻同志对我在"文革"中的遭遇和身体状况非常关心，挚言相慰。其实，在那场内乱中，他也身处逆境，被诬陷为所谓"二月逆流"的成员而受到压制和打击。他不畏邪恶，同林彪、江青反革命集团进行了坚决斗争，尽力保护受迫害的领导干部，心念党和国家的命运，注视国内外形势和部队的稳定，关心国防科技事业的发展，更显出他的无产阶级革命家胆识和凛然正气。

党的十一届三中全会后，我回到军委工作，和荣臻同志的接触更多了，直接感受到他的博大胸怀和奋斗不息精神。他坚定拥护党在新时期的基本路线，多次和我谈到，十一届三中全会开创的建设有中国特色的社会主义道路，是完全正确的。国家要在改革中发展，军队要在改革中前进。他最大的愿望是军队早日实现现代化，国家早日实现四个现代化。他参与领导我军的革命化、现代化、正规化建设，经常提出许多重要意见。1985 年，在邓小平同志主持下，军委确定我军建设指导思想实行战略性转变，进行精简整编，裁军百万。为此，荣臻同志作了重要谈话，提出军队体制改革的 7 点意见，对精简整编的顺利进行起了重要作用。这些年，荣臻同志虽然主动辞去党内外职务，仍时时刻刻关注着党和国家的大政方针。他关心尖端武器的研制，关心革命老区的建设，关心灾区人民的疾苦，特别是他听到邓小平同志今年年初视察南方的重要谈话，十分兴奋，给予了高度评价。直至生命的最后一刻，他想的仍是党和人民的事业。他还历时数年，完成了 50 万字的《聂荣臻回忆录》，总结他半个多世纪的革命经历，为研究党史军史留下了宝贵的财富。我仔细阅读过荣臻同志的回忆录，这确实是一部好书，它用历史唯物主义的观点，对许多重大历史事件，作了客观、公正的评价。

毛泽东同志说过，荣臻同志是个"厚道人"。我从几十年和荣臻同志的相知相交中，深感这个评价是恰如其分的。他襟怀坦白，光明磊落，严于律己，宽以待人。他不居功，不自傲，谦虚谨慎，平易近人，无论是对干部、战士还是知识分子、工人、农民，都诚恳相待，和蔼可亲。他作风正派，表里如一，顾全大局，从不计较个人的得失。荣臻同志的高风亮节，不愧是大家学习的光辉典范。

（杨尚昆）

六十年的友情
——聂荣臻和彭真

聂荣臻是伟大的无产阶级革命家和军事家，彭真是无产阶级革命家和政治家，他们之间的交往和友谊几乎伴随着中国革命的一大半历程。

早在 1931 年，聂帅还在顺直省委工作时，当时彭真同志已被敌人逮捕入狱，聂帅便想方设法营救并送些钱物给他。1966 年春天，中央在杭州开会批判彭真同志时，聂帅在会上讲：彭真同志被捕的情况我清楚，我当时经常给他送东西和钱。我走后又交代别人继续给彭真同志送钱和东西。在"文化大革命"中，"四人帮"狠整彭真同志，想把彭真同志打成叛徒。他们找聂帅调查，想对彭真同志这段历史找"证明"，但聂帅始终实事求是地对他们说：彭真同志在狱中表现很好，斗争很坚决，他没有叛过党。从那时起，聂帅对彭真同志的印象就很好。

1938 年 3 月 26 日，彭真同志遵照中共中央指示，以北方局代表的名义到晋察冀，协助聂帅指导晋察冀、平汉路东以及平、津党的工作。从此，他们在晋察冀边区共同领导边区军民进行艰苦卓绝的斗争。

新中国成立后，在社会主义革命和建设时期，他们又结下了深厚的友谊，成了挚友。

聂帅生前多次说过，他与彭真同志的关系很深，思想融洽，各项工作配合得非常默契。记得在 1940 年 8 月，他们共同战斗在晋察冀时，为了更好地贯彻党的方针、路线，贯彻《抗日救国十大纲领》，巩固和发展晋察冀边区，坚持敌后抗战，扩大抗日民族统一战线，争取抗日战争的最后胜利，彭真带领一个精干的班子，调查研究，征求意见，做了大量的艰苦细致的

29

工作，最后形成了《双十纲领》，在 1940 年 8 月 13 日正式公布执行。这个文件，聂帅非常满意。因为它的公布，成为当时团结人民，鼓舞斗志，打击敌人和推动边区各项事业前进的巨大力量，使整个边区呈现了一派欣欣向荣的大好形势。

聂帅 1949 年 8 月 19 日代理北平市长。9 月 8 日，叶剑英调两广后，聂帅任北平市市长兼市军管会主任。不久，彭真又从聂帅手中接过了北京市市长的领导职务。后来，聂帅在组织领导全国科技工作中，尤其在攻破"两弹"难关中，又得到彭真同志的坚决支持。

1986 年，邓小平主动要求从工作岗位上退下来，聂帅得知后，与彭真交换意见，看法非常一致：认为邓小平暂时还不能退，坚决拥护邓小平再领导大家干几年，这是革命利益的要求，是全党、全军、全国人民的期望。

最近几年来，聂帅因病行动不便，彭真就经常到聂帅家做客。聂帅非常欢迎彭真来，因为彭真身体较好，能下去搞些调查研究，回来后总是要和聂帅通报情况，交换意见。所以聂帅非常盼望彭真来。他们最后一次见面是在 1990 年 11 月 28 日下午，彭真刚从外地回来，调查了解许多情况，两位老人越谈越高兴，长谈达一个多小时。

去年彭真病了，聂帅自己病情也有所发展，两位老人不能促膝谈心了，但思念之情从未减少，经常让秘书代为问候，或让夫人、女儿走动看望。两位老人原约定今年 6 月份，待到天气稍热时，还是在那个熟悉的地方会面，共同小住一个时期，畅诉友情。谁知这一热望竟成泡影，千古遗事。

1992 年 5 月 14 日 22 时 43 分，伟大祖国的最后一颗帅星——敬爱的聂荣臻元帅走完了他光辉、战斗的人生征途，与世长辞了。在聂帅弥留之际，党中央、全国人大、国务院、中央军委的领导同志纷纷赶来看望。当中央领导同志得知彭真同志也要来看望时，担心他的身体，关切地让秘书转告彭真同志不要来了。但彭真执意要来，他不顾病痛的身躯，连夜从郊外赶来。他踏进聂帅卧室，强止住欲流的眼泪，慢慢地走到了熟睡的聂帅床前，握住聂帅的手，久久不愿放开。此时此情，在场的人无不声泪俱下。他紧握聂帅的手，好像要把聂帅从熟睡中唤醒，诉说往日的友谊……

情依依，泪涟涟。彭真恋恋不舍地告别了这位挚友。对他的女儿聂力和女婿丁衡高语重心长地说："聂荣臻同志的一生，是伟大的无产阶级革命家的一生。他不久前告诉我，他死而无恨，死而无憾！的确，他的一生，是光荣的一生。虽死犹生。我们要学习和继承聂荣臻同志共产主义的坚决战斗的精神。聂荣臻同志永垂不朽！"

（鲁顺玉）

在欢快的晚会上

——聂荣臻和姚依林、朱良才

1942 年的农历除夕之夜，在河北省平山县北部的寨北村——当时晋察冀军区指挥机关的驻地，一间相当宽敞的能围着挤坐个三四百人，中间还有一小块空儿的长方形的学校教室里，挂着多盏煤气灯，把屋里照亮堂了。军区在这里举行联欢晚会，欢度 1943 年春节。屋子里坐满了人，还有不少人挤站着。在教室南墙靠中间那儿，军区聂荣臻司令员、萧克副司令员、政治部朱良才代主任、中共中央晋察冀分局秘书长姚依林同志等也在那里挤坐着。人们表情开朗，情绪活跃愉快。晚会是小型的，由军区抗敌剧社的同志们表演了短小的但是精彩的节目。特别是何迟同志和另一位同志合说的一段相声，很是精彩。相声里描绘一个青年的思想状态，说得生动有趣。当问到那青年的职务时，他要别人猜猜。别人问他："你是排长？"他说："大！"又问："你是连长、营长、团长？"他都说："大！"别人问："那你是分区司令、军区司令？"他还说："大！"别人问："还要大？那你是什么呀？"他说："你猜得太大了。"人家问："那你是副排长？"他又说："小！"人家又问："你是班长、副班长？"他说："你猜得又太小了。"人家问："那没法儿猜了！说大你说'大'，说小你说'小'。"他说："我是代理排长呀！"一句话把大家逗乐了，教室里爆发了一阵浓烈的欢笑声。在这满屋子的笑声中，一个笑声特别爽朗，特别响亮，而且笑得时间也长——那是聂司令员的朗朗大笑。他笑得是那样自然，那样尽情。人们在工作中、集会里，或者在指挥作战时常看到的是他的严肃的、甚而是威严的神色，

这会儿，在晚会上，却是如此的轻松、亲切和愉快。……哦，是的，这是老革命家们严肃和活泼的作风呵！

晚会转到猜灯谜儿。

战争年代当然没有彩灯了。组织晚会的同志在教室两边的山墙上，扯起了数根草绳子，上面挂满了谜语的纸条儿。人们开始自由走动起来，人们扯下了那些自己猜着了的纸条；纸条渐渐地稀疏了，最后只剩下 10 来张颇费思索的谜语纸条儿，在草绳子上轻轻飘动着。谜语的创作者们是很用了些心思的。譬如有一个谜语说："富士山上的空战"（打刘少奇著作《论党内斗争》中的一句）。有一个谜语是："岛"（倒卷帘。打一世界地名）。

这时候，聂司令员的双目炯炯有光，他一下从座位上站立起来，伸出右手指着那写着"岛"字的纸条儿，说：

"那个'岛'字——是'海牙'，荷兰的'海牙'——世界名城。"

"岛"——海牙。猜得好！这个猜测中蕴含着智慧、文化的素质和广博的知识。聂荣臻——中国早期的旅欧勤工俭学学生，接受过高等教育的革命先驱。当人们猜着谜语揭去了纸条的时候，我看见他面带笑容为他们感到兴奋和愉快；我也看见他着意地思索着、思索着一些谜语。

可是有人说："不对。"

"怎么不对？海洋的牙齿，这不明明白白是'岛'么？我猜对了！猜对了！"聂荣臻争辩说，他的情绪又雀跃起来，说话的声音也听得出来是喜悦的。

那个同志还是说："不对。"

"怎么不对？你说说道理！"

中央分局秘书长姚依林，稍胖而高大的体格，这时也站立起来，用他洪亮的声音，高兴地说："聂司令员猜的又对又不对。说对，'岛'字猜'海牙'，很确当的，说不对，是谜语上写着'倒卷帘'，应该是'地中海'；'岛'——海中地，倒卷帘——地中海。"

"怎么又出来个倒卷帘啊！我都看不见嘛！"聂荣臻笑起来。

那边，又响起一个声音：

"我也猜一个'张良吹散八千子弟兵'——是萧克同志。"

说话的是朱良才主任。他端正地站立着，喜形于色。突然，聂荣臻同志大声说："不对，不对！你猜得不对！"

"为什么不对呀！"

"你说对，你解释解释。"

"历史上楚汉相争，垓下之战，张良用箫吹散了项羽的八千子弟兵——这不是'萧克'吗？"

"那你说'萧克同志'就不对了嘛！"聂荣臻像是很认真地打趣说。

这又一下把大家都说笑了。满教室的欢乐，满教室的兴奋。当时虽然已是严冬天气，但整个教室像是秋高气爽，给予人们的是舒适和温暖。老革命家、战略区的领导者们和众多的干部战士们同在一起，作着同一的呼吸，跳动着同一的脉搏，无拘无束，亲密无间。这中间会潜藏着什么呢？那是一种积极的向上的前进的力量。……刚才的聂司令员、姚依林秘书长、朱良才代主任关于谜语的"论战"场景，也启迪了人们的思索和智慧。

（周奋之）

"老战友的这种安慰是多么珍贵"
——聂荣臻和刘伯承

聂荣臻和刘伯承同是两位独当一面的军中主帅，在漫长的中国新民主主义革命和社会主义革命时期，曾有过多次惊心动魄的共同经历。

应打过长江，到川西北去

1935 年 1 月 15 日至 17 日，中共中央政治局在遵义召开了扩大会议。聂荣臻和刘伯承同为代表参加了这次具有重大历史意义的重要会议。会议由总书记博古主持，他作了关于第五次反"围剿"的总结报告，主要是强调客观原因，强调敌人的强大，作为不能在中央根据地粉碎第五次"围剿"

的主要原因。张闻天按照会前与毛泽东、王稼祥共同商量的意见，作了反报告。接着，毛泽东作了长篇发言，系统地批判了博古、李德在军事指挥上的错误，具体地阐述了中国革命战争的战略战术和今后在军事指挥上应采取的正确方针，成为遵义会议决议的基础。会上，聂荣臻和刘伯承都发了言。

遵义会议决议指出："政治局扩大会议认为一切事实证明我们在军事上的单纯防御路线，是我们不能粉碎敌人五次'围剿'的主要原因。""此外，政治局扩大会议认为博古特别是华夫的领导方式是极端的恶劣，军委的一切工作为华夫个人所包办，把军委的集体领导完全取消，惩办主义有了极大的发展，自我批评丝毫没有，对军事上一切不同意见不但完全忽视，而且采取各种压制的方法，下层指挥员的果断独行与创造性是被抹杀了。在转变战略战术的名义之下，把过去革命战斗中许多宝贵的经验与教训完全抛弃，并目之为'游击主义'，虽然军委内部大多数同志曾经不止一次提出了正常的意见，而且曾经发生过许多剧烈的争论，然而这对于华夫与博古是徒然的。一切这些，造成了军委内部极不正常的现象。""政治局扩大会议特别指出博古在这方面的严重错误，他代表中央领导军委工作，他对于华夫在作战指挥上所犯的路线上的错误以及军委内部不正常的现象，不但没有及时的去纠正，而且积极的拥护了助长了这种错误的发展。"

政治局扩大会议撤销了博古、李德的最高军事指挥权，决定仍由中央军委主要负责人周恩来、朱德指挥军事，推选毛泽东为政治局常委。接着在行军途中，又组成了由毛泽东、周恩来、王稼祥参加的三人小组，代表政治局常委领导军事。从此，无论在政治方面还是军事方面，毛泽东的意见都受到了尊重，事实上确立了以毛泽东为核心的新的中共中央领导，结束了第三次"左"倾路线在中共中央的统治地位。

在遵义会议上，刘伯承和聂荣臻建议，红军应打过长江去，到川西北去建立根据地。他们提出，四川条件要比贵州好得多：一是有第四方面军在川陕根据地做接应；二是那里人稠物丰，利于红军活动和发展；三是四川交通闭塞，当地军阀向来排外，蒋介石想往里大量调兵不易。中共中央采纳了这个意见，并于1月22日以中共中央政治局及军委名义发出《关于第四方面军配合野战军转入川西的指示》："为选择优良条件，争取更大发展前途计，决定我野战军转入川西，拟从泸州上游渡江，若无障碍，约2月中旬即可渡江北上，预计沿途将有许多激烈的战斗。这一战略方针的实现，与你们的行动有密切关系，为使四方面军与野战军乘蒋敌尚未完全入川实施围剿以前密切的协同作战，先破川敌起见，我们建议，你们应以群众武装与独立师团向东线积极活动，钳制刘湘敌，而集中红军全力向西线进攻。"

支持伯承"彝海结盟"

1935年5月20日上午，此时已担任中央红军先遣司令的刘伯承和政治委员聂荣臻也已经抵达泸沽。为迅速抢渡大渡河，聂荣臻与刘伯承开始了极为紧张的谋划和部署。

晚上，刘伯承、聂荣臻听取了侦察组关于两条行军道路的里程、敌情、居民情况和给养情形的详细汇报，又接见了中共冕宁地下组织派来的人员，基本上把敌情搞清楚了。当时在大渡河布防阻截红军的是刘文辉的第二十四军，其第四旅在左，守泸定桥一带，第五旅在右，守安顺场至富林一带。另据传闻，刘湘部一个旅正在向富林开进中，明日可到。刘伯承说："敌人显然判定我军将走西昌至富林的大道，把富林作为防守的重点。我军如从富林渡河，正遇敌军主力，不易成功。是否建议军委改变一下行军路线，走冕宁、安顺场这条小路。不过这条路要经过大凉山彝族区，彝族分黑彝白彝，黑彝是纯粹的彝人血统，白彝是彝汉混血儿，他们内部有矛盾，但生产落后，生活水平都很低，主要矛盾是与汉人的矛盾。由于历史上反动统治阶级的民族压迫政策，他们对汉人疑忌很深，得好好做工作才能通过。"聂荣臻说："不管他黑彝白彝，我们用党的民族政策感动他们，总比刘文辉好说话，我们建议军委改走小路吧。让左权、刘亚楼带第五团往越西方向佯动，迷惑敌人。"刘伯承立即起草了电报，交电台发出。但因中革军委处于行军状态，联系不上。一直到第二天中午，部队已成行军队形，"通司"（翻译）也找好了，电台还在呼叫。刘伯承与聂荣臻商量，决心先遣队第一团先开冕宁，到冕宁后再与中革军委联系。出发前，刘伯承对部队作了动员："今天我们到冕宁，冕宁过去是彝人的城市，后来彝人被反动

统治者赶到山上去了。过了冕宁，就是彝族区了。有一种传说，《三国演义》上诸葛亮七擒孟获，就是在这个地区，至今有孔明寨、孟获城等遗址。彝人对汉人疑忌很深，语言又不通，他们会射箭打枪，但他们不是奉蒋介石的命令，他们和国民党军队不是一回事。我们要严格执行党的民族政策，广泛宣传朱总司令安定彝民的布告，争取和平通过彝族区。没有聂政委和我的命令，谁也不许开枪。"说罢，队伍就出发了。20 日晚 9 时，刘伯承和聂荣臻率第一团进入冕宁。中共冕宁地下组织在陈野萍、廖志高的领导下，积极做好了解放冕宁的准备。只见街头贴满花花绿绿的标语，居民门前红灯高悬，洋溢着对红军的一片爱戴和欢迎之情。

刘伯承、聂荣臻入城后，设司令部于天主教堂。聂荣臻亲自召见神职人员，说明共产党和红军保护宗教，并用法语与几位法国修女交谈，劝她们不要惊慌。21 日上午，参谋高兴地向刘伯承报告，与军委电台联系上了。刘伯承说："用我和聂政委的名义立即将'侦察报告'上报军委。"中革军委接电后，完全同意刘伯承、聂荣臻的建议，红军主力改经冕宁、安顺场北进。5 月 21 日，朱德向各部队发出了改道的命令，并指示刘伯承、聂荣臻于 24 日前控制安顺场渡口。

前卫连只好停止前进。肖华、冯文彬等出面宣传党的民族政策，说明共产党、红军与国民党"官兵"不同，希望彝民同红军联合起来，打倒汉官，打倒压迫人民的军阀，打倒汉人的财主，分财主的衣服粮食。红军来此，只是借道过路，决不住宿。经过一阵谈话之后，一个小头目说："我去找爷爷来。"过了一会，来了一个高大的汉子，打着赤膊，围着一块麻布，赤足，披头散发，后面跟着十几个背梭镖的青年。来人自我介绍："我是沽基家的小叶丹，要见你们司令员，我们大家讲和不打。"于是肖华先去向刘伯承、聂荣臻报告，冯文彬陪同小叶丹在后面跟来。

小叶丹等人来到彝家海子边时，刘伯承已经在这里等候了。一见小叶丹，他非常高兴地迎了上去。小叶丹见来者身材魁伟，后面跟着几个士兵，知是红军部队的司令员，连忙取下头上的帕子，准备叩头行礼。刘伯承一把上前扶住，不让他行此大礼。两人在海子边坐定，开始了亲切、诚挚的交谈。小叶丹解释说："今天在后面打你们的不是我，是罗洪家。听说你们要打刘文辉，主张彝汉平等，我愿与司令员结义为弟兄。"刘伯承说："那些欺压彝民的汉人，也是红军的敌人，我们结义是为了反对共同的敌人。"接着，进行结盟。仪式按彝家规矩简单而庄重：一位彝民拿来鸡，因为没有带酒，用碗在海子里舀了一碗清水，一手持刀，一手拿鸡，割破鸡脖，鸡血滴在碗里，清水立即变成了殷红色。然后将"血酒"分作两碗，分别摆在刘伯承和小叶丹面前。几个红军小战士看着有趣，不禁发出了笑声。又见刘伯承面色庄重，谁也不敢笑了。一切准备妥帖之后，刘伯承与小叶丹虔诚地并排跪下。面对着蔚蓝的天空和清澈的池水，刘伯承高高地举起大碗，大声发出誓言："上有天，下有地，我刘伯承与小叶丹今天在海子边结义为兄弟，如有反复，天诛地灭。"说罢，将"血酒"一饮而尽。小叶丹也端起大碗，同样起誓："我小叶丹今日与刘司令员结为兄弟，如有三心二意，同此鸡一样死。"说罢，也一饮而尽。这时，夕阳西下，把高高的林梢染成一片青紫，海子里洒满了耀眼的金光。刘伯承请小叶丹等到大桥镇赴晚宴。小叶丹带领一群彝民头领欣然前往。刘伯承素知彝民嗜酒善饮，叫把大桥镇的酒全部买来。晚宴在一个保长的宅院里举行，这里驻着红军先遣队司令部。席间，小叶丹对刘伯承说："明天我要沽基家的娃子到山边接应你们过境。罗洪家的人抢了你们的东西，还抓了你们的人。如明天罗洪家再来，你们打正面，我们从山上打过去，打到林子里，把全村都给他烧光。"他这种义气是真诚的，但他们两个部落有宿怨，也有借红军的力量出口气的意思。刘伯承向他解释说："彝族内部要团结，自己人不打自己人。我们要共同对付镇压你们的反动政府和军阀。"又伸出手比画说："一个指头没有劲，十个指头捏在一起力量就大了。我们共同的敌人是国民党反动派。"饭后，刘伯承把一面红旗赠给小叶丹，上书"中国红军彝民沽鸡支队"，任命小叶丹为支队长，他的弟弟古基尔拉为副队长，并当场写了委任状，小叶丹喜形于色，神采飞扬。刘伯承又给他讲了一些革命道理，这个淳朴的汉子把刘伯承的教诲深深记在心头。当晚即住在先遣队司令部。

第二天早饭后，先遣队再次进入彝民区。小叶丹跟着前卫第六连走在前头。爬上头一个山垭时，见十几个沽基家的彝民拿着红旗，背着长枪，齐声欢呼着上了山顶，这是他们村寨的入口。只见他们都排好了队，笑眯眯地表示欢迎。一些青年和儿童，还主动接近红军指战员，双手比比画画，配合一些汉话的词句，说明他们的心意。指战员们有的送给他们鞋子，有

的送给他们毛巾，得到的人欢呼雀跃，民族团结的气氛非常热烈。刘伯承和聂荣臻来到时，小叶丹有依依不舍之意。他告诉刘伯承说："我不能再走了，前面不是我管的地方了。我派4个人送你们到前面的村寨，另外挑选20个人到红军里来学习军事，学会了回来打刘文辉。"刘伯承说："后面红军大队还多，拜托你一定把全部红军安全送过彝区。红军走后你要打起红旗坚持斗争，将来我们会回来的。临别之前，送你一点薄礼。"这时，警卫员抬过擦得油亮的10支步枪。小叶丹大受感动，坚持要把他骑坐的一匹精壮的大黑骡子，送给刘伯承。

先遣队继续前进。一路经过雀儿窝、拖乌、鲁坝、铁寨子等，经过彝人交涉，都得顺利通过。过一个村寨换一个带路的彝人向导，交接很有秩序。

小叶丹忠实地执行了刘伯承的嘱托，将彝民组织起来，护送红军后续部队过境。他昼夜奔忙，往返于大桥镇和筲箕湾，经过7天7夜，红军大队一路畅行无阻，安全通过彝民区。

"伯承、荣臻把彝区赤化了"

大渡河两岸都是横断山脉，崇山峻岭。在安顺场渡口，河幅有300多米宽，流速每秒4米，水深30米。河底乱石参差，形成无数旋涡，俗称竹筒水，可让鹅毛沉底，水性多好的人也不能泅渡。由于水深流急，不能架桥。船横渡时，要先拉牵到上游2里许，放船后，要有经验的艄公掌舵，10余名船工篙橹齐施，与流速形成一种合力，使船体沿一条斜线冲到对岸。对岸渡口有石级，如对不正，碰到两侧石壁上，则船毁人亡。尽管如此凶险，红军必须过渡，最重要的就是要搞到船。

在刘伯承、聂荣臻指挥下，强渡大渡河的17名勇士出发后，为吸引对岸国民党军火力，减少渡河勇士伤亡，刘伯承和聂荣臻不顾个人安危，故意暴露自己，以分散其火力。

刘、聂两位首长的无畏行动激励了岸上的红军部队，大家情绪激昂，都争着朝前站，把刘伯承和聂荣臻挤到后边去。此时，大家都是一样的心情：打吧，向我们打吧，只要别打中我们的船就行。红军6挺重机枪，几十挺轻机枪从不同的角度向敌人密集射击，压得敌人爬在工事里抬不起头来。

经过英勇奋战，先遣队终于渡过天险大渡河。

26日中午时分，参谋报告："毛主席、朱总司令、周副主席来了。"刘伯承亲自到村头迎接，陪同到先遣司令部休息。午饭时，用缴获的米酒招待中央领导。毛泽东端起大碗米酒高兴地说："祝贺先遣司令和干部战士们！"接着幽默地问起刘伯承："诸葛亮七擒七纵才使孟获心服。你怎么一下子就说服了小叶丹呢？"刘伯承谦虚地说："主要的是我们严格执行了党的民族政策。"毛泽东又问："你跟小叶丹结拜真的跪在地上起誓吗？"刘伯承说："那当然，彝人最讲义气，他看我诚心诚意，才信任我们。"毛泽东又问："那彝人下跪是先跪左腿呢，还是先跪右腿呢？"这下把刘伯承给问住了。周恩来岔开话题说："后续部队通过彝族区时，小叶丹打着'中国红军彝民沽鸡支队'的旗帜出来欢迎，伯承、荣臻他们简直把彝区赤化了。"朱德说："先遣队逢山开路、遇水搭桥，功劳不小。"听到这里，刘伯承答话："总司令先别论功行赏，我正为这大渡河架不起桥来犯愁呢。"接着详细汇报了过渡和架桥的情况。经过研究，毛泽东归纳大家的意见说："好吧，我们兵分两路。一师和干部团在这里渡河，为右纵队，归刘、聂指挥，循大渡河左岸前进；林彪率一军团二师和五军团为左纵队，循大渡河右岸前进。两岸部队互相策应，溯河而上，夺取泸定桥。军委纵队和其余部队从泸定桥过河。假如两路不能会合，被分割了，刘、聂就率部队单独走，到四川去搞个局面。"大家均无异议，以军委主席朱德的名义给各军团发出了相应的电报。

刘伯承和聂荣臻率领右纵队于27日出发，向泸定城急进。并于29日17时攻占泸定桥。刘伯承和聂荣臻进入泸定城时，已是5月30日凌晨两点钟了。

刘伯承和聂荣臻不顾鞍马劳顿，坚持要去看看泸定桥。杨成武提着马灯，陪着两位首长从桥东走到桥西。刘伯承对每根铁索甚至铁环都看得十分仔细，好像要把整个泸定桥印在自己的脑海里。当他从桥西折回桥中央的时候，停住脚步，扶着桥栏，俯视大渡河里咆哮翻滚的激流，着力地在桥板上连跺三脚，感慨地说："泸定桥！泸定桥！我们为你花了多少精力，费了多少心血！现在，我们胜利了！我们胜利了！"

至此，强渡天险大渡河的战斗胜利结束。红军第一、四方面军会合的时刻已经不远了。

不屈的抗争

1966年5月，中国大地上发生了一场名为"文化大革命"的大劫难。中共中央军委战略小组办公室被撤销，战略小组名存实亡，实际上中止了工作。从此以后，刘伯承不再有实质性的工作可做，完全处于赋闲状态。但是，他依然把国防建设、部队的战备训练，把党和国家的前途命运挂在心上。他以自己衰残多病的身体，在力所能及的范围内，协助和支持陈毅、叶剑英、徐向前、聂荣臻等元帅的工作。对革命事业耿耿忠心，一如往日。

这年秋，刘伯承不堪城里住所周围造反声浪的干扰，搬到京郊西山住下。不久，叶剑英和聂荣臻也搬到这里。陈毅、徐向前经常来看望他们。于是5位元帅在西山时有会晤，一起谈论"文化大革命"的形势，商讨保持军队稳定的办法。

1967年1月5日，以王洪文为首的上海造反派，在张春桥、姚文元的阴谋策划与指挥下，篡夺了上海市的党政大权。一时间，"一月革命"的夺权之风在全国各地刮起。

军队决不能夺权，军队必须保持稳定，解决这个问题已是刻不容缓。1月中旬的一天晚上，聂荣臻、徐向前、叶剑英和刘伯承，又聚在一起谈到深夜。他们一致认为，在非常时期要使用非常手段，必须搞出几条命令才行。应明确规定军队不准夺权，不准随意揪斗各级领导干部，不准成立所谓的战斗组织等。最后，他们一起研究商定了八条命令，上送毛泽东审批。1月28日，"中央军委八条命令"经毛泽东亲自签发，迅速传到全军。

然而，斗争远远没有结束。从"文化大革命"一开始，林彪、江青等人就把这几位元帅视为篡党夺权的最大障碍。他们一直在窥测方向，寻找时机，图谋把这几位元帅整倒。

2月中旬，陈毅、叶剑英、徐向前和聂荣臻等人，出于对"文化大革命"的许多错误做法强烈不满，在中南海怀仁堂召开的中共中央碰头会上，与林彪、江青等人发生了激烈的冲突。林彪、江青蓄意歪曲事实真相，颠倒黑白，把元帅们的抗争诬蔑为"二月逆流"，随即发动了一连串的批斗与围攻。不久，聂荣臻病倒了，住进了解放军总医院。

正在总医院治疗眼疾的刘伯承闻讯，不顾左眼接近失明，摸索着来到聂荣臻的病房。他紧紧握住聂荣臻的手，千言万语一时不知从何说起。良久，才说出一句："老兄，你受苦了。"这在平常情况下只是一句普通的安慰话，可在那种险恶的政治环境下，它的意义和力量是难以估算的。事过19年后，聂荣臻还满怀感激地说："当时我身处逆境，老战友的这种安慰是多么珍贵！"

为刘公送行

1972年刘伯承双目失明之后，健康状况日渐下降，不得不住院进行长期治疗。战争年代，他创伤遍体，头、眼、腿、脚等都留下了不同程度的残疾。解放后，为培养全军中、高级干部，为国防建设和部队的战备训练，他经常超负荷地工作，又使得左眼失明，伤残破损的身体更是每况愈下。

然而，由于刘伯承年事已高，残弱多病的身体终于不能恢复而长期卧床不起。

1973年以后，刘伯承丧失了思维能力。

1975年以后，刘伯承丧失了自理生活的能力。

1980年8月17日，五届人大三次会议批准了刘伯承关于辞去人大常委会副委员长职务的请求。

1982年8月6日，中共十一届七中全会通过了《给刘伯承同志的致敬信》。信中说："由于年龄和健康状况，您不能再参加即将召开的党的第十二次全国代表大会，也不能再继续担任党和国家的领导职务。您对中国革命的贡献和崇高的品德，将为我们全党所永远怀念和敬佩。"

1986年10月7日17时40分，94岁的刘伯承终因久病不治而与世长辞了。

10月14日，北京一个平常的秋日，凉风瑟瑟，阴霾满天。京西万寿路人民解放军总后勤部礼堂前厅，被装点成黑纱缠绕圆柱、挽幛悬挂横梁的庄严肃穆的灵堂。

刘伯承静卧在鲜花翠柏丛中，鲜红的中国共产党党旗覆盖着他高大的身躯。人民解放军战士持枪肃立，守护在灵柩两旁。

聂荣臻右臂套着黑纱，坐着轮椅车，由工作人员推着攀上 40 多级台阶来到大厅。刘伯承卧病在床之后，聂荣臻多次到医院看望他，总希望他有所恢复，能跟他说上几句话。如今，物是人非，聂荣臻悲从中来，两行清泪潸然滚落腮边……

（卞 吉）

从国防工业委员会成立到大"比武"

——聂荣臻和贺龙

1959 年 8 月 18 日至 9 月 12 日，中共中央军委在北京召开了扩大会议。会后，中共中央组成了新的军事委员会。经中共中央政治局决定：毛泽东担任军委主席，林彪、贺龙、聂荣臻担任副主席。1960 年 1 月 5 日，贺龙出任国防工业委员会主任，聂荣臻等 13 人任委员，两位元帅共同领导了国防工业（兵工，常规武器）的生产，并在此后共同主持了中央军委的日常工作。

共同领导国防军事工业生产

"党要我管我就要真管。"贺龙接到任命后的第 2 天，就召开了国防工业委员会议。聂荣臻等委员都到了会。会议研究了委员会的性质和任务，并在委员会下面设立一个办事机构——国防工委办公室，处理日常事务。

贺龙在工作上一贯雷厉风行，说到做到。他在参加同年 2 月中央军委在广州召开的扩大会议时，就与聂荣臻商定，会议结束后一同去视察，准备用一年时间，对全国各地的重点军工企业巡视一遍，作一次全面的调查研究，聂荣臻对这位老战友的性格和脾气十分了解，对他的建议表示十分赞同。

27 日，军委扩大会议刚刚结束，贺龙和聂荣臻就动身了，他们先到贵阳、重庆视察，后到了成都。3 月 17 日，贺龙和聂荣臻开始视察成都飞机制造厂。

通过广泛视察，调查研究，解决了军工生产中存在的大量实际问题。

1961 年 1 月，中共中央八届九中全会上通过了对国民经济进行调整的"八字方针"。为贯彻这次中央工作会议精神，在贺龙、聂荣臻以及罗瑞卿的主持下，于同年 7 月 18 日至 8 月 16 日在北戴河举行了国防工业委员会工作会议，会议确定了在当前国家存在暂时性困难的情况下，军工要有计划地让路，有计划地后退。此后，贺龙和聂荣臻顾全大局，千方百计说服部下"后退""让路"，为国家渡过暂时经济困难做了大量工作。

替代林彪主持军委日常工作

1962 年 2 月至 3 月，中央军委在广州召开了全军编制装备会议。根据周恩来总理提出的"整军备战"的建议，军队系统在战备方针、编制等问题上作新的调整。

会议之后，林彪因病休养，军委的日常工作落到了贺龙和聂荣臻两位副主席的肩上。他们和其他军委常委一起，领导了全军的"整军备战"工作。

在中印边境自卫反击战和东南沿海地区战备工作的部署中，贺龙周密组织领导，聂荣臻密切协助，两位元帅共同做出了重要贡献，取得了中印边境自卫反击战的胜利，同时粉碎了国民党军在 1962 年进犯大陆的阴谋活动。

大"比武"的共同推动者

1963 年 12 月下旬，叶剑英元帅给中共中央军委写报告，建议在全军推广"郭兴福教学方法"。1964 年 1 月，中央军委转发了叶帅的报告，号召全军立即行动起来掀起一个学习郭兴福教学方法的运动，贺龙和聂荣臻以及

徐向前、叶剑英四位元帅，接见了广州军区学习郭兴福教学方法评比现场会议先进单位的全体代表。不久，中央军委决定在全军开展全面的军事"比武"，并成立了全军军训比武筹备委员会，贺龙批准了"比武"计划，"比武"的准备工作在全军展开。

6月15日和16日，在贺龙和罗瑞卿等的周密组织下，北京和济南两个大军区的"尖子"分队和参加表演的民兵，分别在北京西山、阳坊和十三陵，向中央领导人作了汇报表演。聂荣臻也亲到"比武"现场观摩，并给予贺龙、罗瑞卿亲自组织安排的"比武"，以高度的评价、赞扬和支持。

（田 玄）

两条战线 一个愿望

——聂荣臻和陈毅

聂荣臻是中央军委副主席并分管新中国国防科技战线的主帅，陈毅是中央军委副主席、国务院副总理并主管国家外交战线工作。60年代初，两位元帅虽然各自分管着不同的战线，但在中国科学技术碰到了三年自然灾害、政策上的失误和赫鲁晓夫领导集团停止一切援助所带来的巨大困难的时刻却怀着共同的心思。

一

面对着困难，科研事业，特别是以导弹、原子弹为主要标志的国防尖端项目是"下马"还是"上马"的问题，形成了尖锐的矛盾。有些人认为困难太多、太大，国防尖端技术发展应该放慢速度。还有少数同志甚至提出停止搞尖端技术，说什么用在这方面的钱太多了，影响了国民经济其他部门的发展。他们主张我们只搞飞机和常规装备，不搞导弹、原子弹等尖端武器。

主持国防尖端科技工作的聂荣臻则认为，为了摆脱我国一个多世纪以来经常受帝国主义欺凌压迫的局面，我们应该发展以导弹、原子弹为标志的尖端武器，以便在我国遭受帝国主义核武器袭击时，有起码的还击手段。同时，通过制定 12 年科学规划和前一段研制尖端武器的实践，我们已经深感"两弹"是现代科学技术的结晶，坚持搞"两弹"，还可以带动我国许多现代科学技术向前发展。所以，我们应该"上马"，应该攻关。正在这时，聂荣臻接到毛泽东委托秘书从杭州打来的有关针对以上问题进行研究并拿出解决办法的电话。

此后，聂荣臻立即召集正在北戴河参加会议的国防科委、导弹研究院、二机部的同志进行研究，分析了当时我国尖端技术的基本状况，并一致认识到，中国的国防尖端技术虽然在 1958 年以前还是一片空白，但到了 1961 年，仅仅三年的时间，已经有了一个长足的发展。只要坚持攻关，加上政策、措施得当，争取三五年或更长一些时间得到突破是完全有可能的。经过讨论分析，到会的同志对坚持攻关都充满了信心。

当聂荣臻将坚决"上马"的决心和理由报告中共中央后，毛泽东、周恩来等领导人完全赞成这一意见。陈毅更是为此一百个赞成，一千个照办。他甚至表示，脱了裤子典当，也要把我国的尖端武器搞上去。他还多次风趣地说，我这个外交部长的腰杆现在还不太硬，你们把导弹、原子弹搞出来了，我的腰杆就硬了。中央领导同志的决心和陈老总的鲜明态度，对聂荣臻和国防科技战线上的许多领导同志是一个很大的鼓舞。

既然决定"上马"了，那具体应当如何来办呢？在聂荣臻主持下，经过反复研究，在调整科技政策和知识分子政策的同时，确定了要首先缩短战线，突出重点的国防科技战略。其具体方针是"缩短战线，任务排队，确保重点"。具体安排为：在科研与生产的关系方面，以科研为主；在尖端与常规的关系方面，以尖端为主。在导弹方面，以自行设计的中远程地地导弹为主，争取 3 年左右突破中程，5 年或更长一些时间突破远程。对防空导弹，因为当时台湾国民党的 U2 飞机经常到大陆进行侦察活动，飞行高度达两万米，只有防空导弹能对付它，所以对防空导弹也决定投入一定力量，但排在第二位。原子能方面，集中解决核燃料生产基地的建设和原子弹的

研究、设计、试制，争取在四年左右的时间内，把原子弹设计制造出来。在确保两弹及其配套设备的前提下，再按空军、海军和陆军大型装备的顺序安排科研任务。由于制定了正确的方针，又由于有了毛泽东、周恩来、陈毅等领导同志的支持和鼓励，使聂帅主持下的国防科技事业产生了新的飞跃。

二

1961 年 7 月，聂荣臻亲自主持制定的中国科学工作的准则——"科学14 条"诞生了，并在同年 7 月 6 日的政治局会议上交付讨论。周恩来、刘少奇、邓小平、李富春、彭真等完全同意，并被邓小平称之为"科学宪法"。7 月 19 日正式作为中共中央文件下发。

1962 年 2 月 16 日，当聂荣臻受命主持在广州召开的全国科学技术工作会议时，周恩来和陈毅又赶来参加了大会。在会上，周恩来作了关于知识分子问题的报告，陈毅首先郑重地传达周总理的话说：你们是人民的知识分子，是革命知识分子，是为无产阶级服务的脑力劳动者，应该取消资产阶级知识分子的帽子。工人、农民、知识分子，是我们国家劳动人民中间的三个组成部分，他们是主人翁。他又强调说：不能够经过了 12 年的改造、考验，还把资产阶级知识分子这顶帽子戴在所有知识分子头上。陈毅进一步透彻地说："12 年的改造，12 年的考验，大家还是不抱怨，还是愿意跟着我们走，还是对共产党不丧失信心，这至少可以看出一个人的心。10 年 8 年还不能考验一个人，10 年 8 年 12 年还不能鉴别一个人，共产党也太没有眼光了！""共产党不尊重文化，共产党不尊重知识，共产党不尊重科学这类话，不晓得是马克思讲过？是恩格斯讲过？还是列宁讲过？毛主席讲过？谁也没有讲过这个话。愚昧是个很大的敌人。帝国主义是个敌人，封建势力是个敌人，愚昧——几万万人没有知识，没有科学知识，也是很大的敌人。"陈毅的讲话对聂荣臻又是一个有力的支持。

当聂荣臻向陈毅谈了国防科技战线上广大知识分子的思想顾虑时，陈毅感慨万分。他历来豪爽健谈。他在讲话中干脆提出了"脱帽加冕"的口号。他说，就是给你们脱掉资产阶级知识分子的帽子，加上劳动人民知识分子之冤。

周恩来和陈毅的讲话，使科学家们激动得热泪盈眶，大大地启发了他们的爱国热情。他们说："帽子脱掉了，责任加重了。""是脑力劳动者，自己人了，不能再作客人了。"

贯彻"科学14条"和召开广州会议以后，知识分子的积极性空前高涨，为科学事业更加尽心尽力。当时普遍生活困难，但大家还是干劲十足，中国科学院、国防部五院、二机部九院等许多科研单位，晚上灯火通明，图书馆通宵开放，一片热气腾腾，我国真正出现了科学的春天。

三

由于三年自然灾害，科学家们和科技人员生活也十分困难。在病中的聂荣臻得知此讯后，深感不安。于是，他决定用个人名义向海军，北京、广州、济南、沈阳等军区的领导同志呼吁，请他们尽快设法给予支援，价拨给国防科研战线一批猪肉、鱼、海带、黄豆、水果等副食品。各单位都给予了大力支持。他们支援的东西，都以中央和军委的名义分配给每个专家和科技人员。与此同时，聂荣臻还对当时的国防部第6、7、10院、各基地科技人员的副食品的支援供应问题作了布置。

当陈毅得知聂荣臻因病住院后来医院看望他时，两人谈到此事，心又想到了一块儿。陈毅说我举双手拥护。这些人是我们国家的宝贝，要爱护，我这个外交部长腰杆硬也得靠这些人，我们不吃，也得保障他们起码的生活。陈毅还说，向各单位"募捐"，也加上我的名字。

（卞　瞿）

47

正气凛然　光明磊落

—— 聂荣臻和徐向前

一

七七卢沟桥事变后，中国共产党同南京国民政府达成协议，红军改编为国民革命军。蒋介石给了个番号，叫"第八路军"，任命朱德为总指挥，彭德怀为副总指挥，允许编三个师：一一五、一二〇、一二九师。这个消息，是在南京参加国防会议的叶剑英传到冯家村的。毛泽东决定，以新成立的中共中央革命军事委员会名义发布命令。8月25日正式宣布，红军改名为"国民革命军第八路军"，红军前敌总指挥部改为"第八路军总指挥部"，以朱德为总指挥，彭德怀为副总指挥，叶剑英为参谋长，左权为副参谋长。红军总政治部改为"第八路军总政治部"，任弼时为主任，邓小平为副主任。

3个师的领导人，都是遐迩闻名的红军高级将领。一一五师师长林彪，副师长聂荣臻；一二〇师师长贺龙，副师长萧克；一二九师师长刘伯承，副师长徐向前。

从此，聂荣臻和徐向前的交往越来越多了。同年8月22—25日，聂荣臻和徐向前共同参加了在洛川召开的中共政治局扩大会议。会议结束后，与会者相继离开冯家村。徐向前同朱德坐卡车向南，半路抛了锚，下车推了一段，弄得满身是泥，还是不能发动，只好弃车步行。第三天到达庄里镇贺龙、萧克的指挥部时，再次巧遇聂荣臻，并于9月5日午夜与聂荣臻等一同乘坐火车转赴潼关。

聂荣臻与徐向前正式在一道工作是在全国解放战争时期。

1948年5月上旬，中共中央为加强对大区的领导，任命刘少奇为华北局第一书记，薄一波为第二书记兼华北军区政治委员，聂荣臻为第三书记、军区司令员，徐向前任第一副司令员。

在聂荣臻和徐向前等的密切协作和配合下，在徐向前的具体指挥下，取得了晋中战役的胜利，共歼灭国民党军 1 个总部、5 个军部、9 个师、2 个总队，解放了 11 座县城。

为进行太原战役，10 月初，聂荣臻向徐向前转达了毛泽东批示征询意见的太原作战方案，徐向前经过充分考虑后写下了给聂荣臻等同志并转毛泽东的复信，信中写到：

聂薄滕赵并请电话转毛主席：

一日信及转来主席指示和一兵团前委电均奉悉。

对攻取太原的计划，我因地形尚不熟悉，没有别的意见。前委 9 月 28 日电中计划，分三个步骤作战，很好，但主要精神是连续一直打下去，直到夺取城垣为止。假如情况允许的话，这样做是最好的，但假如第一步计划或第一、第二两步计划都完成了，而到实现第三步计划时那就比较好打了，但仍存在一个兵力对比问题。假如第一步计划完成后，实现第二步计划时即遭到较大障碍，不能按预期计划进行，即只有先围困使敌更疲惫后再猛攻之。总之，首先争取一直连续的打下去，在最短时间内全歼敌人是上策，先打再围带打而下之即消耗较大是中策，下策即必须增加力量再攻下之，即影响别线作战，只是最后之一途。

关于兵力分配与使用上，我亦同意前委决定，时间于 18 日开始亦可以。因时间已迫近，我亦无时间再休息，拟于七日夜即赴前方，待太原攻下后再抽暇休息。

关于弹药问题，前已谈过，我没别的意见，前方必须照顾后方的生产与财政力，亦属重要。其他一些详情待我到前方再报告。

我仍本着不急（急躁）不缓（紧张的工作着）的精神去工作，一定坚决的完成任务，请放心。

谨复并致　　布礼

徐向前　　十月三日

此后，在他（后来彭德怀也参与了）的具体指挥下，取得了太原战役的重大胜利。共歼灭阎军13.8万余人。

二

中华人民共和国成立后，徐向前被任命为新中国第一位总参谋长，但因患有严重的肺病，不能担负更多繁重的事务，只能会前会后或制定文件时，谈些想法，提出军队建设的意见。中共中央的各位负责人，都关心徐向前的身体，一再嘱咐他安心休养，早日恢复健康。总参谋部的日常工作，中央军委指定由聂荣臻代行，徐向前只好向他说："聂总，你多辛苦了！"聂荣臻理解徐总的心情，回答说："大事共同研究，请示中央。日常工作就请徐总放心好了。"

朝鲜战争爆发后，中共中央严密注视战局的变化，并组成东北边防军。聂荣臻因代理总参谋长，日理万机，十分辛苦。徐向前遂于9月初离开青岛返往北京。由于任务紧张，他暂住颐和园一处僻静的小院内。朱总司令多次和他就军事方面作好应变准备的问题交换了意见。他们一致认为：打了几十年仗，打出了个新中国，不希望再打仗了，但是美帝国主义又要打仗，那就得奉陪到底。徐向前虽然仍在病中，但中共中央、中央军委和国务院的重要会议，他都坚持参加，每一次都提前进入会场。

当此全国军民同仇敌忾，展开抗美援朝运动之际，徐向前十分希望能奋力工作。可是入冬以后，他的病情又有反复，时常发烧，头痛更是剧烈。他躺在病床上，想起6月初开会期间，毛主席见他的健康状况有了好转，曾高兴地说，可以先看一些文电，考虑一下军队建设的问题，等再过些时间，养好身体，就可以工作了。可是，没料到过了几个月，还是这个样子。他不但肩负人民解放军总参谋长的重任，还兼任华北军区副司令员。考虑到身体的状况和军队的建设，一天，当聂荣臻和薄一波来看他时，便提出华北军区的工作需要加强，他所兼任的华北军区的职务，应建议中央免除。聂荣臻便给毛泽东、朱德、刘少奇、周恩来写报告。11月1日，毛主席在报告上批示："征求向前同志同意，如果向前同意的话，可以这样办。"同时还写了以下一段话：

"向前同志：前次见面时，我说可抄一些电报给你看。后来我觉得你还是静养，不看电报为好。故未叫机要处抄给你。"

毛主席的关怀，使徐向前异常感动。他当即向毛泽东、朱德、刘少奇、周恩来写了回信，说他兼华北军区副司令员的职，也是挂了个空名，实际自己又不能到军区做一点点工作，因此由别的同志担任这一职务为好。并提出聂荣臻、薄一波的意见他完全同意。因聂老总也忙于军委工作，对军区工作必然放松，若由其他同志任副司令员后，军区工作即可加强。

徐向前在焦急、希望和期待中送走了又一个寒冬。

春天，给万物以活力，也给徐向前的身体带来了生机，天气转暖，他的气色就好多了，体力也强壮了许多。聂荣臻等都期望他早日康复。

三

中国的"文化大革命"，是一场灾难。在十年动乱中，徐向前和聂荣臻等老一辈无产阶级革命家一样，历经风险和坎坷。这场灾难，又将两位老帅紧紧地联结在一起了。

1966 年秋，红卫兵全国性的大串联开始不久，各省、市、自治区党政机关几乎处于瘫痪状态。徐向前被迫仓促上阵，担任全军文革组长。命令还未公布，消息已经传了出去。许许多多的电话，各种各样的问题，蜂拥而来。

新的全军文革小组 1 月 12 日正式成立，组长徐向前，顾问江青，副组长肖华、杨成武、王新亭，徐立清、关锋、谢镗忠、李曼村；组员：王宏坤、余立金、刘华清、唐平铸、胡痴、叶群、王蜂、张涛和谷岩。14 日建立办公机构，在三座门开始办公。徐向前眼看军队各机关、院校一天比一天混乱，上任后，决定狠抓一下军队的稳定。他每天在电话机旁，像战争年代指挥作战一样，下达命令，回答各方面提出的种种问题。原有的两部电话机不够用了，又新增加上两部。他在电话里，不止一次作出这样的回答：

"军队一定要保持稳定！……"

"军队不准大串联！……"

"不准成立战斗队，不准打砸抢，不准乱抓人……"

但是仍无法阻止被林彪、江青之流搅乱了的形势。1967年1月10日，中央文革小组在林彪的支持下，突然抛出"揪军内一小撮"的乱军口号。接着冲击军事机关，揪斗大军区领导人的事件不断发生。有的军医作战室被封，一些领导人被挂黑牌，画鬼脸。一些军队"造反派"组织的人员，开车直接到徐向前住地，要求他回答问题，无理取闹。

徐向前难以制止事态的发展。在一次军委碰头会上，他根据"十六条"精神和一些人的建议，断然提出5个不准：不准随便抓人，不准任意抄家，不准戴高帽，不准挂黑牌，不准游街等。会上，周恩来总理表示赞同，但陈伯达、江青不表态，结果无法作出决定。

1月中旬，陈伯达，江青蓄意整肖华。陈伯达在接见群众组织时说："肖华不像个战士，倒像个绅士。"在陈伯达的煽动下，总政机关大楼里贴满了打倒肖华的大字报。周总理得知后，很生气，站出来辟谣。消息传到了毛泽东那里，江青很紧张，赶忙令人覆盖大字报。就在这一时刻，聂荣臻等老帅们站出来了。1月19日下午，在中央军委碰头会上，围绕军内要不要展开"四大"问题，聂荣臻、叶剑英、徐向前三位元帅同江青、陈伯达、康生、姚文元展开了激烈的争论。江青一伙叫嚷军队"不能特殊"。老帅们则认为军队是无产阶级专政的柱石，军队的文化大革命和地方应有所区别。争来争去，僵持不下。陈伯达、江青等人节外生枝，又对肖华进行突然袭击。江青说："肖华是总政主任，发文件，把总政和军委并列，是什么意思？"叶群从口袋里拿出事先准备好的稿子，说肖华反对林副主席，破坏文化大革命，必须公开向军队院校师生作检查，等等。还有几个人发言批肖华，都有发言稿，说明他们是早有预谋的，只是老帅们都蒙在鼓里。散会时，徐向前郑重宣布："会议的内容要严格保密，不准外传，这是条纪律。"但是，会后杨勇在排以上干部会上作了传达，总政副主任袁子钦的笔记本被"造反派"抢走。所以，晚上，战友文工团的"造反派"就抄了肖华的家，肖华被转移到西山才免遭揪斗。

为避免揪斗党政军高级领导干部事件再次发生，1月24日晚，徐向前闯入林彪毛家湾深宅，开门见山地向林彪讲述了当前军队机关和院校的混乱局面，要求他立即稳定军队。聂荣臻、叶剑英、陈毅等老帅也一同助阵。经过徐向前、聂荣臻、叶剑英、陈毅几位老帅的密切配合、全力呼应。林彪同意，口授了稳定军队的'九条'，后经讨论改为七条。毛泽东批示同意，并要求'再加上一条关于管教干部子女的问题'。

文件以"军委八条命令"下达：

一、必须坚决支持真正的无产阶级革命派，争取和团结大多数，坚决反对右派，对那些证据确凿的反革命组织和反革命分子，坚决采取专政措施。

二、一切指战员、政治工作人员、勤务、医疗、科研和机要人员，必须坚守岗位，不得擅离职守。要抓革命，促战备、促工作、促生产。

三、军队内部开展文化大革命的单位，应该实行大鸣、大放、大字报、大辩论，充分运用摆事实、讲道理的方法，严格区别两类矛盾。不允许用对付敌人的方法来处理人民内部矛盾，不允许无命令自由抓人，不允许任意抄家、封门，不允许体罚和变相体罚，例如戴高帽，挂黑牌，游街，罚跪，等等。认真提倡文斗，坚决反对武斗。

四、一切外出串联的院校师生、文艺团体、体工队、医院和军事工厂的职工等，应迅速返回本地区、本单位进行斗批改，把本单位被一小撮走资本主义道路当权派篡夺的权夺回来，不要逗留在北京和其他地方。

五、对于冲击军事领导机关问题，要分别对待。过去如果是反革命冲击了，要追究，如果是左派冲击了，可以不予追究。今后则一律不许冲击。

六、军队内部战备系统和保密系统，不准冲击，不准串联。凡非文化大革命的文件、档案和技术资料，一概不得索取和抢劫。有关文化大革命的资料暂时封存，听候处理。

七、军以上机关应按规定分期分批进行文化大革命。军、师、团、营、连和军委指定的特殊单位，坚持采取正面教育的方针，以利于加强战备，保卫国防，保卫无产阶级文化大革命。

八、各级干部、特别是高级干部，要用毛泽东思想严格管教子女，教育他们努力学习毛主席著作，认真与工农相结合，拜工农为师，参加劳动锻炼，改造世界观，争取做无产阶级革命派。干部子女如有违法乱纪行为，应该交给群众教育，严重的，交给公安和司法机关处理。

"军委八条命令"的制定颁发，对稳定军队局势起到重要作用。1967 年 3 月 27 日晚，毛主席在一次谈话中讲到"八条"执行过程中出现的问题时说："我们都是事后诸葛亮。现在看来，当时没有个'八条'也是不行的。"

<h2 style="text-align:center">四</h2>

然而斗争还在继续，聂荣臻和徐向前等一些老革命家，还在迎着险恶的逆流，与林彪、江青一伙进行新的奋勇拼搏。

从 1967 年 2 月 8 日开始，中共中央政治局在怀仁堂召开碰头会议。聂荣臻和徐向前等均出席了会议。会议围绕着"文化大革命"要不要党的领导，应不应该把老干部统统打倒，要不要稳定军队等重大原则问题，一些老一辈无产阶级革命家与陈伯达、康生一伙展开了针锋相对的激烈斗争。

在这关系到党和国家前途命运的大是大非问题上，两位老帅的心更齐了。他们与其他无产阶级革命家一道，大义凛然，对林彪、江青一伙阴谋篡党乱军分子进行了英勇的反击，捍卫了真理，顺应了历史潮流。这就是震惊中外的被林彪、江青一伙诬蔑为徐向前、聂荣臻、叶剑英、陈毅、谭震林、李富春、李先念等老一辈革命家的所谓"二月逆流"。这不是什么"逆流"，完全是"正流"，是老帅、老将们的庄严义举，是完全光明正大的事情。

此后，于 9 月 12 日，徐向前经和叶剑英、聂荣臻商量，得到他们的支持。正式向毛泽东写了报告，要求辞去全军文革组长的职务，请毛泽东另选贤能。报告没有得到批复，徐向前继续挂着名。

徐向前、聂荣臻、叶剑英等革命家的针锋相对的斗争，使林彪、江青之流进一步加紧了对他们的迫害。在八届十二中全会闭幕后的第 9 天，突然发来会议"简报"。在一期"简报"上，竟编造谎言，诬陷徐向前的夫人黄杰是"叛徒"，诬陷聂荣臻的夫人张瑞华也是"叛徒"。

但是，两位久经考验的无产阶级革命家坚信，真理不能说成错误，红的不能变成黑的。对此，他们默默不语，静观着事态的发展。

在公开发表的中共八届十二中全会公报上，又严厉指责了"二月逆流"反对"无产阶级文化大革命"的"错误"。黄永胜在总参谋部亲自布置批判聂荣臻和徐向前等几位老帅，并发动老帅们办公室的工作人员，组织揭发批判，要求和老帅划清界限。周总理得知后批示："不要搞得过于紧张。"并当即转呈毛主席。1969 年 1 月 3 日，毛泽东亲笔作了批示："所有与'二月逆流'有关的老同志及其家属都不要批判，要和他们搞好关系。"

至此，林彪、江青一伙彻底整垮老帅的阴谋再次破产。

1969 年春，周恩来根据毛泽东的指示，将陈毅、徐向前、聂荣臻、叶剑英四位老帅组成"国际形势研究组"，每周在中南海紫光阁召集一次讨论会。这样，聂荣臻和徐向前得以再次相聚。他们坐到一起谈笑风生，忘却了对他们的种种指责。他们看材料，交换思想，以他们丰富的经验和高瞻远瞩的胸怀，分析研究世界局势。座谈会召开了许多次。经过认真讨论，最后写出了《对国际战争形势的分析》；针对苏军入侵珍宝岛事件，写出了《从世界森林中看一棵珍宝树》等报告，以精辟的见解，分析了中国的实际情况，以及美苏之间的矛盾，提出国际建设方面的一些重大问题。

1969 年 10 月 17 日，林彪借口防止敌人搞突然袭击，要加强战备，快速疏散人口，遂发出反革命政变预演的第一号号令。借机将几位老帅、副总理等，从北京"疏散"到外地。

所谓的一号号令——"紧急通知"，作为国家元帅和军事委员会的副主席的徐向前，事先什么情况也不知道。他于 10 月 18 日接到"疏散"通知，要他去河南开封，20 日晚就离开了北京。至达郑州时，有关单位还没来得及安排住地，在一个招待所暂住一晚上，第二天才移居到开封军分区一个师团干部休养所。徐向前到开封的第二天，《开封日报》上便披露出"二月逆流"黑干将到了开封的话。徐向前到开封，当地负责接待的单位是按照"不冷不热，偏重于冷"的规格对待的。在此期间，因为房子改装暖气，徐向前一度移居到一家银行的楼上。楼下，有一间阴暗的屋子，没人居住。徐向前后来才知道"文化大革命"中被打倒的国家主席刘少奇，被囚禁死在那里。

徐向前被"疏散"在开封一年半之久。当地冷淡他，北京也很少有人过问他，和许多被"疏散"的老革命家一样，他每日每时思虑的是：国家的前途，军队的命运，人民的生活。他期待着什么，又担心着一切。孩子们受他的牵连，也遭厄运。女儿徐鲁溪在大学里被打成"五一六"分子；

小女儿徐小涛才 18 岁，当兵没单位接收，去建设兵团也不要。后来走了"后门"，才当上内蒙生产建设兵团军垦战士。老人心里牵挂她们啊！1970年 8 月，中共中央在庐山召开九届二中全会，徐向前上庐山参加会议后，又回到开封。1971 年 4 月 8 日，中央决定在北京召开批陈整风汇报会，军队中几位老帅，才陆续由外地被接回北京。徐向前是被"疏散"的人中最后一个回北京的。

聂荣臻则被"疏散"到河北省一座小城市内。此时已疾病在身，后来还是周恩来设法将聂荣臻移居北京，才得到了应有的治疗。

历史是无情的，历史是公正的审判官。1971 年 9 月 13 日，林彪反革命武装政变阴谋彻底败露，折戟沉沙，摔死在蒙古温都尔汗的沙漠上。这一事件犹如在中国上空爆炸了一颗原子弹，全国上下，大感意外，无不惊喜林彪终于自食其果，人民拍手称快。

"九一三"事件后的第一天，三座门会议室里充满了严肃的气氛，工作人员听说很久没有露面的老帅们都要来开会，觉得这个会非同寻常。

自从批判"二月逆流"以来，老帅们难得相聚。这天相逢，格外高兴。又闻林彪自我爆炸，更是内心喜悦。一向豪爽的陈毅老总提议，就地摆宴，举杯相庆。这时，陈老总已身患重病，老帅们关心他的健康，纷纷劝说作罢。

"疾风知劲草。"毛泽东在斗争中识别了林彪，也理解了包括聂荣臻、徐向前在内的一大批老一辈革命家。他逐步起用了一些老革命家，亲自参加了陈毅元帅的追悼会，并为"二月逆流"平了反。特别是请邓小平出来主持工作，同时在中南海接见了聂荣臻和徐向前等各位老帅。

（卞　吉）

"西山夜话"

——聂荣臻和叶剑英

在 1976 年中国政局发生激烈震荡的多事之秋，深居简出于西山的叶剑英和其他老一辈革命家们早已将个人生死荣辱置之度外，为国家的前途和命运忧心忡忡。一天，他的老战友，另一位开国元勋聂荣臻元帅来了。

聂荣臻是中国杰出的无产阶级革命家、军事家，是我军的创建人和国防科学技术事业的领导人之一。他比叶剑英年轻两岁。早在"五四"运动时期就积极参加当地学生爱国斗争。以后赴法国勤工俭学，加入中国共产党。他比叶剑英早 4 个年头到苏联莫斯科东方。劳动者共产主义大学学习。回国后，与叶剑英先后在黄埔军校担任教官，他称赞叶剑英是"很有威望的教官之一"。南昌起义失败后，他参加领导广州起义，与叶剑英并肩战斗，坚持到最后一刻。广州起义失败后，他与叶剑英都到了香港。在患难中结成了莫逆之交。在以后的各个革命时期，在战火纷飞的年代，他们时聚时散，常常是"相逢不下马"，但他们的心里，却你装着我，我装着你，似乎有一种"特异功能"牵扯着神经末梢，互通信息，互相支持，互相慰藉。火与血的生死考验，加深了他们的战斗友谊。

新中国成立以后，两位老帅见面的机会多了。尽管他们身负重任，日夜为国事军务操劳，但每隔一段时间总要聚首畅谈。而西山又是他们最好的聚会地点。"文革"期间，在首都工人体育场的十万人大会上，在与林彪、江青一伙的斗争中，他们互相支持，互相配合，合力抗争。即使他们被打成"二月逆流"的"黑干将"，在被"下放"、"流放"的倒霉时期，他们仍然关心着国家大事，共同商讨稳定军队的条令，共同研究珍宝岛事件和国际局势，向毛泽东提出积极建议，共同寻找对付"奸党"的途径……林彪和江青一伙对他们实行种种迫害和隔绝措施，没有办法割断他们的友情。那架设在他们中间看不见的"特异功能"热线是永远不会消失的。

"建国以后，我们会面，总要回忆往事，展望未来，常有时光恨短之感。"

聂荣臻回忆说，"'文化大革命'期间，我们忧患与共。在会议桌上，在与所谓的'造反派'接触中，在集会场合，我常与剑英同斥林彪、'四人帮'一伙的倒行逆施。尤其是在西山住所，我们几乎每天见面，分析'文化大革命'的形势，互相倾诉衷肠。我们痛心党的光荣传统被破坏，大批好同志和无辜群众受迫害，国家民族遭厄运。也为我们被诬为'二月逆流'反党成员而愤慨。1968年11月，我因病住院，剑英来医院看我，竟被'挡驾'。他在电话中对瑞华（聂帅夫人）说：'你转告聂老总，我相信我自己。我也相信聂总，我们不是搞阴谋的人，请他保重身体'。老战友的铿锵语言，是多么令我感动呵！"

"患难识朋友"。这是列宁的一句名言。两位老帅在战乱和忧患中结成的友谊，经过生死的考验，是任何力量也破坏不了的。

"聂老总"——人们喜欢用战争年代的习惯，亲切地称他"老总"，在周恩来病逝邓小平被黜之后，眼看毛泽东病情加重，日甚一日，而"四人帮"横行肆虐，也日甚一日，特别天安门事件遭到残酷镇压，使他痛心疾首，寝食不安。在城里是一天也待不下去了。他打听到叶帅早已上了西山，于是找个借口，也来到这个"避暑胜地"。

名曰避暑，实则会友。多年来生死与共的两位老战友，如今，又相聚在西山了。

聂老总选择靠叶帅西边的一号楼住下。这是个依山傍水，隐蔽在林荫深处的好地方。但是，这位新来的房主却安静不下来。行装甫卸，他想到的第一件事就是去看叶帅。而叶帅听说聂总上山来了，早就告诉身边人员，要打道出迎了。两位老友相晤在西山之巅。埋在腹中的话匣子一下子打开了，就像雨后的山涧溪水，倾泻而出，滔滔不绝。随员们被屏在左右，只能提醒他们用餐和休息。

老帅们朝夕相处，无所不谈，他们究竟谈论些什么呢？自然有美好的回忆，也有辛酸的往事，还有彼此的家事，比如聂总就很羡慕叶帅家"人丁兴旺"，但更多的是当今繁难的天下大事。如何对付"四人帮"？这是他们日夜烦恼的一块心病，也是谈论最多的话题。但这在当时是犯忌的题目啊！即使在他们之间，没有外人在场，也得小声议论，防备"隔墙有耳"。

科学技术的发展，为人类带来幸福，也带来了困扰。"窃听器"这个科学的时髦玩意儿就是令人头痛的物件之一。不知从什么时候起，它代替人的"耳目"，打破了"隔墙"之限，走入人们的生活，揭开秘密和隐私。"文革"初期，就曾发生过所谓"窃听器"事件，有人以此获罪，被"打翻在地"。后来，"窃听器"流行起来，发生过不少奇闻怪事。长期负责领导国防科技工作的聂老总深知此物之厉害，并也曾身受其害。

不久前，发生过这样一桩怪事：叶帅和聂总被打成"二月逆流"的"黑干将"后，有一次在西山会晤，聂总讲了一个笑话：那是36年前的事了，也偏巧发生在西山。当时他在北平作地下工作。一天夜里，聂荣臻曾交给陈伯达一个传单叫他去印。陈伯达那时虽然还没被称为"夫子"，但已是个高度近视。他半夜去敲人家的大门，结果敲错了。出来的人开门一看，只见一个头发很长、衣服很脏的人，以为是个小偷，就把他抓起来，送到警察局。在那里关了一夜，第二天天亮，被打了一顿，警告他以后别再偷了，然后糊里糊涂地把他放了。他回来谈起这件"糊涂案"，大家便一齐取笑他，说他"糊里糊涂进去，又糊里糊涂出来"，给他起个绰号叫"糊里糊涂"。关于这件事，当时两位老帅只当笑话说说，并无恶意，当场也并无别人。可是，很快就被陈伯达知道了。党的八届十二中全会上，陈伯达凑巧和聂荣臻编在一个组，他想整人，又拿不出什么材料，就当场质问聂老总，为什么在背后议论他的历史，恶语伤人。老总一笑置之。这一下更惹恼了陈"夫子"。他斗老帅不过，便告阴状，告到周恩来总理那里。总理打电话问聂总、叶帅是怎么回事。两位老帅只好如实以告：当时只是随便聊天，偶尔谈到，别无他意。这场小小的风波，使聂老总提高了警惕，感到西山谈话的某处肯定是被装了"窃听器"，所以"隔墙有耳"了。

在对付"隔墙有耳"方面，叶帅也有过更早更多的经历。他随周恩来在重庆的红岩和曾家岩，以后在北平率领军事调处小组，与国民党、美方代表谈判斗争时，已经吃够了"窃听器"一类的苦头。那时国民党特务机关不但在我方住处周围派出监视哨、游动哨，随时窥测动静，而且还在室内的某个角落，安装"窃听器"什么的，我方的一切活动都受到限制，因此，也出过纰漏，受过损失。

两位老帅因为有着共同的经历和教训，对"窃听器"之类的"耳目"非常敏感，在谈到对付"四人帮"的正题以前，聂总习惯地扫视一下房间周围，似乎在寻找什么，又好像发现了什么。叶帅猜出了他的心思，以目示意说，这次住下以前已经检查过了，没有问题。话是这么说，叶帅怕老总不放心，还是打开了收音机，谈到机密处，又放开水龙头，借音乐和流水的合奏曲来干扰"窃听器"的耳目，其实，这与其说是科学上的防卫，不如说是心理上的安慰。

"这几个东西闹腾得不得了，一定得设法解决。"聂老总贴近叶帅的耳朵，小声地说。

"是的。主席还在，他多次说过要解决，要耐心等待。"叶帅表示了自己的看法。

在《沙家浜》高腔和自来水细语的伴奏下，对话继续下去。

"主席病成那样，顾不及了。那几个东西现在是'挟天子以令诸侯'，为所欲为，什么坏事都可以干出来的。"

"把小平同志打下台，就是他们干的一件伤天害理的最大坏事！"

"下一个是华国锋！为了夺取大权，不顾党纪国法。"

"还有一大批老干部，包括你我在内，统统在他们的黑名单内。"

"我们个人的事小，最要紧的是军队，军权无论如何不能落在他们手中。"

"所以，不能再让他们横行霸道了。要防患于未然，先发制人。尤其那个自称吕后的人，不可不防！"

"汉朝有句里谚，叫'欲投鼠而忌器'。贾谊很欣赏这句话，说'君之宠臣虽或有过，刑戮之罪不加其身者，尊君之故也。'"叶帅想起"投鼠忌器"这个典故，颇有感慨地说："贾谊尊的君是封建皇帝，我们的情况当然不同，但是主席还在，为了照顾他的健康，为了保持局势的稳定，对那个过去的'宠臣'总要顾及一点情面。暂时还不好办啊！"

"是啊！有点难办，但总得办。"聂总说："王子犯法，与庶民同罪嘛，历史上后妃作乱的事太多了。我们共产党绝不能使封建帝王的历史重演！"

两位老帅从汉代吕后作乱一直说到唐朝的武则天、清朝的叶赫那拉氏，感到江青虽然也效法"女皇"故事，但毛泽东毕竟与封建帝王不同，他还是有远见的，已经预感他不在，她会"闹事"的。

叶帅担忧地说："可是，主席的决心未下定，连总理也没有办法，我们得想个万全之策。"

他说的是前几年的一桩往事：1972年秋，美国的那个大学副教授、记者某某女士来华，采访有关现代中国妇女革命史料。中国对外友协事先商定主要让她访问邓颖超、康克清等几位老大姐的。后来江青知道了，硬要露一露"峥嵘"，亲自给周总理打电话，毛遂自荐，宁肯放弃去外地疗养，也要会会这位美国女士。周总理无奈只好同意安排她见一见。不料，江青借此机会要在国际上大出风头。在北京长谈、吃请、照相、看样板戏，还不够，又请该女士飞到广州续谈。周总理知道了，特意交代，只见一次，只谈文艺，江青完全不理，同她一起泡了6天，谈了6次。从30年代上海"革命"到延安，从当演员，到家庭、婚姻，什么都谈了，大肆宣扬自己，贬低毛泽东，内容庸俗下流。江青还亲自把一份带有机密性的军用地图交给她。这位37岁的漂亮却并不出名的美国女士受宠若惊，答应回国后写一部"江青传"。江青高兴地咧开大嘴，当即答应将谈话记录全部奉送。后来，整理好的10来本记录打印稿，分送周总理、张春桥、姚文元审阅。张、姚一字不改，退回江青，把责任全推到周总理身上。周总理在日理万机、身体虚弱的情况下，被迫审阅这部几十万字的稿子，边看边改，中间曾找翻译及陪同人员座谈几次，听取大家意见，觉得问题太多，不宜外送。江青大发雷霆，亲自找上门来，胡搅蛮缠，催逼周总理批发。周总理最后请示毛主席，决定将所有记录稿清理封存。但是那位女士在美国还是按照江青的意图，成书出版，内容乌七八糟，泄露了大量党和国家的机密。后来中央决定，让一位外交人员不惜用巨金买下版权，把这本书送回国内。毛泽东看了之后，非常气愤，飞笔批道："孤陋寡闻，愚昧无知。立即撵出政治局，分道扬镳。"批件首先送到周恩来手里。周总理当时看出毛泽东不过是在气头上，并没下定处理江青的决心，只好"暂缓执行"。叶剑英对江青让美国女士写传这件事的经过十分清楚。因为当时的翻译人员之一的张颖，抗战时在武汉八路军办事处，经叶剑英介绍去的延安。"文革"中曾几次探望叶帅，向他断断续续反映了这方面的情况，事后叶帅还向组织上担保，证明曾凡曾抵制江青，并非与她同谋。

　　江青这件丑闻，聂老总也是清楚的，他也同意叶帅的看法，对这个特殊的女人是要解决的，但不能操之过急，要考虑到毛泽东及各方面的影响，还要考虑后果。他略为沉思，向老战友建议道："看起来，事情是有些棘手，恐怕用正常手段解决是不行了，总得赶快想个妥善办法。"他伤感地说，"主席的时间不会太久了。"

　　……

　　在两位老帅之间秘密进行的这种"西山夜话"，继续过多次。有时是在叶帅住的 15 号楼，有时是在聂总住的一号楼。两位老革命家忧国忧民，推心置腹，深入探讨对付"四人帮"的良策。西山成了他们的避难所，不，这里是他们酝酿处置"四人帮"的腹心阵地。

（范文摘）

"国防工业是关系到我们国家安危的事业"

　　在辽阔的海洋上，有中国人民的海军舰队在巡航。导弹艇，在浪花中飞驰；潜艇，在惊涛下出没；海军航空兵机群，闪电般掠过海空；护卫舰和驱逐舰，威武地驶向远海。每当我们看到这些日益增多的现代化舰艇和海军飞机，总不由得要想到聂荣臻同志对我国国防现代化建设的卓越领导和作出的重大贡献，想到他对我们海军建设的亲切关怀和具体帮助。

　　聂荣臻同志是我党的老一辈无产阶级革命家和杰出的军事家。早在 1956 年，他就主管国防科技工作。有一个相当长的时间，我在聂荣臻同志的领导下，先后负责过海军和全军的装备科研工作，亲身聆听了聂总的许多有益的教诲。使我感受最深，也是使我们海军建设受益最大的，就是聂总在科研工作中坚定地贯彻了党中央关于独立自主、自力更生的方针。多年来，由于军队与各有关工业、科研部门大力协同，共同贯彻执行聂总提出的武器装备发展指导方针和各项具体要求，在全国人民的支援和许多省、市的帮助下，海军的武器装备已经填补了许多空白，初步形成了自己的体制和系列。虽然海军现有武器装备同工业发达国家相比还较落后，需要加速改进和不断提高，但已经为今后的发展打下了良好的基础。

我国的海岸线绵延1.8万多公里，星罗棋布的5000多个岛屿组成了天然屏障。可是，由于近代封建王朝忽视海上武装力量的建设，以及袁世凯、蒋介石等军阀的卖国，长期以来我国是一个有海缺防的国家。帝国主义从海上侵略我国的惨痛历史告诉我们，一定要建立强大的海军，才能有效地保卫我国的海防，实现祖国领土的统一。新中国成立前夕，毛泽东同志就庄严地宣告："我们将不但有一个强大的陆军，而且有一个强大的空军和一个强大的海军。"此后不久，毛泽东同志视察了初建的人民海军，亲笔题词："为了反对帝国主义的侵略，我们一定要建立强大的海军。"这完全反映了国内国际形势的需要，表达了我国人民的夙愿。

然而，要建立一支强大的人民海军，不仅要有高度政治觉悟的能够熟练地掌握现代军事技术的人，而且需要花费"巨额的金钱"，要依赖于高度发达的科学技术和坚实的经济前提。现代海上战斗力的构成，需要以现代化武器装备为物质基础。50年代初期，我海军的主要装备是缴获国民党海军的一些破旧不堪的舰艇。以后虽然从苏联买进一些鱼雷快艇和其他舰艇，但是关键性的东西都没有卖给我们。那时的装备数量少，质量差，技术水平很低。"现代化的军舰不仅是现代大工业的产物，而且同时还是现代大工业的缩影。"我国的造船工业，按毛泽东同志的讲法是建立最早的、有点基础的工业。但在50年代初期，也只能制造排水量几十吨的炮艇，而船体用的钢材还不能冶炼。艇上的仪器简陋，航速很慢，安装的是缴获外国造的小口径炮。我国的舰船科研工作，力量薄弱，人员零零散散，分散在全国各地的一些工厂，没有有组织地开展科学研究，因而可以说基本上是个空白。面对这种情况，在当时的历史条件下有些同志产生了两种思想：一种是自卑感，认为我国工业和科技基础都很薄弱，现代化的海军武器装备非常复杂，我们自己没有条件研究制造，因而对建设强大的海军缺乏信心；另一种是依赖外国的思想，认为"苏联有什么，我们就会有什么"。实践证明，这两种想法既不符合实际，也不符合党中央关于"自力更生为主，争取外援为辅"的方针。聂总根据党中央的方针，批评了上述错误思想，提

出为了办好国防科技事业，必须：第一，要反对依赖思想；第二，要反对自卑情绪；第三，要破除迷信，反对把科学"神秘化"的观点。1960年底，聂总在国防工业一次干部会议上的讲话中又说："国防工业是关系到我们国家安危的事业。""我们大家一定要彻底清除依赖、崇外思想，踏踏实实，埋头苦干，把一切工作的基点放在国内。"在党中央的统一领导下，他一面着手调整、整顿国防工业各生产部门；另一面抓紧整顿国防科技队伍，组建各种武器装备研究设计院，自己动手，开展武器装备的研究设计工作。

为了把分散在全国各地的舰船科技力量组织起来，形成拳头，集中进行舰船科研工作，根据聂总的建议，中央于1960年12月批准成立了舰船研究院。不久，我被任命为院长。当时，调进该院工作的干部，从我这个院长起，到各所、室的军政领导干部，大部分是从陆军转到海军的，时间还不久，对海军的知识掌握不多，更未摸清海军建设的规律；而且，对科研工作和工业生产则基本上是陌生的。因此，对于能不能完成该院所承担的任务，能不能领导好这样大的复杂的科技队伍，我们感到困难很多，有些缺乏信心和勇气。

我们第一次向聂总汇报工作时，我谈到自己和一些干部都感到不懂科研，担心搞不好工作。聂总以坚定、恳切的语气对我们说：下了命令，你们就得干！就要下决心、有信心把工作干好。你们既然能组织指挥部队打仗，只要认真学习，也就能够组织全院搞好科研工作。接着，他又说：毛主席讲过，现在我们不熟悉的工作正在强迫我们去做，办法就是学习，在实践中学习，向专家、技术人员、老工人学习，向一切内行的人学习，边干边学，总是可以学会的。你们这些行政、政工干部，就是要把领导工作、政治工作、组织计划工作和后勤服务工作搞好，调动科学技术人员的积极性，保障他们在第一线攻克技术难关。聂总还明确告诉我们，一切工作要为科研工作服务，为科技人员服务。他的这次谈话，对我和我们许多同志既是很大的鼓舞和鞭策，又给我们指出了工作方向、工作任务和工作方法，增强了我们搞好工作的信心和决心。

万事开头难。舰船研究院建立之初，有一系列亟待解决的具体困难。我们缺人员，缺经费，缺设备，突出的是缺住房、试验室和试验场，有些单位不得不暂时在租借的小旅店和旧火车车厢内办公和住宿。聂总十分关怀我们的困难处境，亲自察看了我们选择的一处房子，认为不行，下决心给我们调拨了一部分部队和院校的营房。他还告诉我们要利用地方工厂和部队内可以进行研究工作的一切条件，开展科研工作，不能等待，要边干边创造条件，要先出成果，并从实践中培养技术人员。他看到科研力量不足，科技人员生活条件不好，又给总参、总政和总后提出要求：给科研单位调干部要调优秀的，营房和物资要优先保证，听报告和参加文化体育活动也要照顾。根据聂总提出的研究机构要"出成果、出人才"的两项根本任务，我们把"建设一支又红又专并具有军队战斗作风的国防科学技术队伍"作为一项重要的战略性任务，要求各级党委都要作出规划，严肃认真地做好这项"树人"的工作。我们广泛收罗人才，从各部门选调人员，并且特地从大学二年级学生中选调一些人到院里来自己培养。在短时间内，我们就组建成了一个有几千科研人员和十几个研究所、几十个研究室的舰船研究院，初步形成了研究舰船所需要的舰船总体、动力机械、航海仪表和各种武器装备系统的专业比较配套的技术力量，并朝气蓬勃地开展了各系统的研究设计工作。

科研、生产有它自己的规律。在当时，我们还没有很好地认识掌握它，并遵循其规律办事。大家的工作热情很高，可是想得比较简单，急于求成，总想尽快拿出成果，所以一度战线铺得过宽，尖端常规一齐上，战术武器和战略武器、仿制产品改进和新产品研制同时进行，指标定得高，时间要求急。实践证明，我们这样做法，是脱离我国科研、工业的客观条件的，是我们当时的实际能力所不能达到的。聂总了解到这些情况后，及时指示我们要缩短战线，突出重点；工作要科学化，要合乎科学规律，搞好科学管理。这是一个如何按照实际情况确定工作方针，科学地组织队伍，合理而有效地使用力量，运用最佳方法拿到最好成果的问题。

聂总对我们舰船研究的工作有许多重要的讲话和要求（有些是对整个国防科技战线的），突出地表现在以下六点：

第一，定方针，作计划，搞科研，要遵循立足现实、着眼未来的原则。聂总认为，武器装备的研制，既要立足于现实，清醒地估计到各种可能条件，考虑到现实战斗的需要，又要高瞻远瞩，着眼未来和发展，脚踏实地地尽最大可能往前追赶。为此，根据科研的特点，他很早就明确地提出了

"三步棋"的部署，告诉我们，国防科学技术的特点是产品型号改进更新快，至少同时要有三个层次型号，一个是正在试制试验的型号，一个是正在设计的新型号，一个是要探索研究的更新型号。这样就把当前与长远、设计与研究、试制与试验、生产与装备部队等关系，用科学的方法和步骤作了统筹安排。那时，由于"左"的错误思想影响，我们一度没有完全按照聂总提出的这些要求去办。结果是主观上想全面跃进，全面赶超，实际上各项任务进展很慢，不仅较先进的产品搞不上去，一般的产品也前进不了。当我们向聂总汇报时，他批评我们这样搞是"欲速则不达"，要我们全面调整近期和长远的计划，重新安排部署。导弹驱逐舰和战略武器大型试验测量船所以搞得快，就是贯彻执行了"三步棋"的部署，预研工作搞得好的结果。

聂总又告诉我们，发展方针的确定要十分谨慎，不能轻易变动。有些产品由于缺乏充分的科学论证，使用要求和战术技术指标定得过高，实际上不可能达到；同时，在经济性方面不注意效费比，不计成本，硬着头皮干，结果是事与愿违，最后只好被迫放弃。对此，我曾经打过一个比方：搞科研工作不能像连长那样带队伍前进，遇到障碍前进不了，可以下一个口令绕行或回转；一个科研项目上了马，如果要中途变动，势必旷日误事，损失的人力、物力、财力和时间无可挽回。我们总结了经验教训，正确理解和贯彻执行"自力更生为主、争取外援为辅"的方针，遵照聂总的要求，调整了从仿制到自行研制的关系，确定了由"两艇一雷"（鱼雷快艇、潜艇和鱼雷）到"两艇一弹"（快艇、潜艇和导弹）的发展方针，在研制常规装备时开展战略装备的预先研究。对此，聂总很是赞同，对我们说："有了方针，造船工业才好办，科研任务才能稳定，才能出成果。"实践证明，这个发展方针是正确的。我们先通过仿制，消化吸收他人的科研成果，锻炼和提高自己的队伍。在此基础上再及时转入自行设计，这样就避免了走弯路。海军的几型重要舰艇都是依靠自己的力量研制成功的。我们研制的几种类型的常规舰艇，在60年代的东南沿海战斗中发挥了重要作用。现在，我们自己研制的舰艇，已经成为海军基本的战斗力量。

第二，在科研和生产力量的调配、使用上，要遵循集中力量、重点突破的原则。这实际上是毛泽东同志关于集中优势兵力打歼灭战的思想在科技工作中的应用。聂总指出："我认为，科技工作中的方针大计，最重要的一条，就是根据国家的经济发展和可能条件，全面协调分工，集中使用力量。"由于我国当时技术力量和各种条件有限，国防尖端科学技术又具有综合性、复杂性、精密程度要求高等特点，因此更需要集中力量，突破重点。在科技队伍的组织上，他提出要分设"国家队"、地方军和游击队，分工合作解决战略任务。在1961年7月的一次会议上，聂总又具体指示我们："为了突破一些关键项目，可考虑选择些厂将有关这方面的技术人员集中起来，集中突破"，"技术关突破了，数量关就好办。如海军的潜艇问题可考虑采取这个办法"。

我们按照聂总的要求，有步骤地规划了每个阶段的重点，集中力量突破。有一项毛泽东同志亲自审批、周恩来同志亲自抓的尖端工程，涉及27个省市和上千个科研、生产单位。正当我们集中力量突破的时候，因为"文化大革命"，各地大乱，部分工厂停产，虽然开了几次协调会议，许多项目仍然无法落实。聂总听取了这项工程的情况汇报之后，同意在北京召开有几百人参加的厂长、党委书记和工程主要项目的技术负责人参加的协调会议。规定凡是接到通知的同志都要到会，即使正在被批斗的也要来。那时召开这样的会议是要冒风险的，因为很容易被林彪、江青一伙扣上"用生产压革命"的帽子。这次会议由我主持。聂总不顾年高体弱和那时的困难处境，亲自到会讲话，响亮地提出：这项"工程工作量很大，协作面很广，一环套一环，紧紧相扣，每个部分的工作都要从大局出发，只能提前，不能拖后，不要因为自己的部分，影响整个进程。困难是很多的，一定要千方百计地克服解决"。又说："一定要按时完成任务，为加强我国的国防，做出新的贡献！"听了他的讲话，大家心里都热乎乎的。会后，聂总又以大无畏的精神，签发了以中央军委名义下达的《特别公函》，强调这是毛主席亲自批准的尖端工程，对国家安全有重要意义，任何人都不准以任何理由冲击生产车间，不能以任何借口停工、停产。我们派专人带了《特别公函》，到各省、市有关厂、所召开群众大会传达贯彻。广大干部和工人都把它当作最高统帅部的命令去执行。他们排除了种种干扰，克服了许多困难，保证了研制任务的胜利进行。我国自行设计、制造的这项尖端工程的胜利完成，使人民海军的战斗威力达到了一个新的水平。导弹驱逐舰在

60 年代初，因国家财政经济有困难，曾在一段时间内暂停研制工作。以后随着形势的发展，聂总考虑到进行远程运载火箭试验的需要，及时地提出要我们安排大型测量船、导弹驱逐舰和为它配套的辅助船以及其他装备的研制工作，以满足组织海上掩护部队的需要，保证试验安全顺利地进行。在聂总的直接领导和督促下，我们先后几次召开科研和生产战线的有关干部和科技人员参加的协调会，具体安排了各项任务，逐个地解决所遇到的许多困难。这样，终于使这项庞大的、涉及许多科研、生产单位的系统工程任务，能够顺利地实施，确保了我国战略武器的试验。从这件事上，可以看到聂总领导、管理国防科研工作的远见卓识。

第三，军队要抓科研，国防科研要遵循为增强国防威力、提高部队战斗力服务的原则。聂总指出，一切都是为了使用，为了战胜敌人。因此，军队对各种武器装备所要求的战术技术性能，就有一个不断地研究、试制、试验到再研究、再试制、再试验的反复过程，才能使其不断地改进和提高。科研机构不能光搞研究，不搞设计；或者光管设计，不管试制和试验工作。我们按照聂总的要求，在研制新型武器装备之前及研制过程中，都十分注意深入部队进行调查研究，听取部队同志对发展新型武器装备的意见和要求，以便使研制出来的武器装备更能适应战争和部队使用的需要。军队是武器装备的使用者。因此，军队也应该把参与研制和发展武器装备，当作责无旁贷的任务；不能认为科研、生产是研究机构和工业部门的事，使用才是军队的事。对此，聂总在给我的一封信中讲得既形象又深刻。他说："军队要与工业部门密切合作，要抓科研、管科研。道理很简单，你要买双新鞋子还得根据自己脚的大小、喜欢什么式样，什么质量的好等等来确定。更何况是搞武器装备，又是现代化武器装备，远不像进百货大楼买双鞋子那样简单。这里往往没有现成的货品，要根据敌我双方的各种情况全面研究确定研制计划。"又说，军队不抓，"谁来提出新型号应有的战术技术指标，并进行论证、试验、试制等生产前一系列研制和审定？"所以，只有军队和科研、生产部门这两方面的积极性紧密地结合起来，拧成一股劲，才能确保国防科研为国防服务、为部队服务的正确方向。

为了战胜敌人，聂总非常关心武器装备的试验工作，亲自关怀试验场和靶场的规划和建设。目前，我们用于对新型武器装备进行试验鉴定的试验场和靶场，特别是堪称远东第一的中国船舶科学研究中心，就是在聂总的关怀和支持下建立起来的。聂总不仅强调要经过试验不断改进武器装备，而且亲自观看和指导试验工作。1967年11月，在某基地试验海军导弹。我报告了聂总，他说：这是海防导弹第×次试验，我要去看看；并要我通知军委其他领导同志。我们一起陪同聂总坐飞机到了试验场地。聂总看到发射成功，很高兴，鼓励大家要继续努力。1982年10月，海军潜艇进行水下发射运载火箭试验。聂总因病未能亲自观看试验，但他很关心这次试验。当他得知有些参加试验的人员担心初次试验失败时，随即指示说，"既是试验，就有成功与失败两种可能。要像我国女排争夺冠军那样，胜不骄，败不馁"。这话很快传达到参加试验的部队和科技人员中，给了大家很大的鼓舞。同志们满怀信心地认真总结，精心准备。水下蛟龙终于胜利地腾空而起。张爱萍同志高兴地在试验现场赋词祝贺："扬威海上英豪，战狂涛。神剑飞来，闪电破云霄。天罗照，长空扫，胜券操。四海欢呼，一代玲珑骄。"

第四，武器装备要形成战斗力，要遵循齐装配套的原则。这在今天来讲，就是强调系统工程。聂总对这一点非常重视。1963年，他在舰船研究院的一次讲话中指出："我们东西是搞得不少，但成果还拿得不多，而且严重地不配套，影响了海军的装备建设。"聂总运用系统工程理论总结武器装备发展的经验，后来和叶帅概括提出了"五个成套"：成套设计，成套试制，成套定型，成套生产，成套装备部队。聂总几次找我们谈海军武器装备配套问题。他说，你们要注意"齐装配套"，才能形成战斗力。如果有了潜艇，没有鱼雷，没有导弹，潜艇又有什么作用？武器装备要注意配套，对海军尤其重要。从某种程度上讲，一艘舰船本身就像一个小社会。舰船上的吃、穿、用和战斗所使用的各种武器装备，以及对艇船航行和进行战斗的各项保障工作，涉及工、农、商业和科技的各条战线和部门。比如说，一艘新型舰艇的研制。就要考虑到舰上的各种装备，考虑到国家的工业基础和生产工艺水平，考虑到舰艇的维修，考虑到试验，考虑到试验部队的建设，考虑到试验的各种保障，考虑到码头和基地的建设，考虑到部队的训练和战斗使用，等等。所有这些都一环紧扣一环，缺一不可。现在回想起来，聂总反复强调的工程配套思想，是科研工作和现代化军队建设的规

律性要求。它无论对科研工作和部队建设，都有重要意义。

第五，在科研工作和生产的全过程，要遵循按科学态度办事的原则。聂总一再强调，科学技术问题的解决是我国国防工业自力更生的关键，但是要遵循客观规律，要循序前进，不能搞突击献礼，不能搞大兵团作战，不能要求一夜之间实现什么化。我们的前进是建立在前人劳动的基础上，是建立在国家工业水平的现实基础之上的。他说，我们讲"破除迷信，解放思想，就是要我们尊重事实，尊重真理，不为成见所束缚"。为此，他提出对工作要发扬"三敢"（敢想、敢说、敢做）的精神，坚持"三严"（严肃、严格、严密）的作风。这早已在科研人员中深入人心。他提倡建立适应科研特点的一套研究、设计、试验的科学工作程序，以及完善的规章和制度；强调要建立严格的责任制，实行严格的工艺纪律和文明生产，保证质量第一。我们舰船研究院根据当时称之为"科学工作宪法"的"科学 14条"，制定了 73 条相应的具体措施，对科研工作的现代化管理起了有力的规范作用。

第六，对科研人员的领导，要遵循适应科研工作特点的原则。聂总多次讲过：我们军队的同志，总是把知识分子按战士看待，像管战士一样去管理知识分子，这是不对的。科技人员搞研究工作，是繁重的脑力劳动和体力劳动的结合。我们要尊重他们的劳动，关心和爱护他们。轻视知识和知识分子，是"左"的错误影响的一种表现。我们要注意调动和保护知识分子的积极性。科研是一种探索性工作。因而对科研人员的工作要求，不能用对待工厂生产那样的办法，要允许他们失败。开会、讲话都要解决问题，不要以为工厂生产不能打断，而搞研究、设计就可以随意打断。聂总强调说："研究机构的任务就是出成果，出人才。这两项根本任务不去保证完成，其他方面的事情办得越多，越误事。"又说："保证 5/6 时间的问题，三令五申不知道说过多少遍。……我看，'繁政误事'，是我们不少科学研究机构的通病。从上到下，各级领导都要下最大决心，认真实行简政。"聂总的这两段话，虽然是 21 年前讲的，可是今天看来仍不失其真理的光辉。

聂总对科技人员在政治上、工作上和生活上关怀、爱护的许多事例，一些老科技人员至今谈起来仍很激动。他在知识分子问题上抵制"左"的倾向、坚持实行马克思主义政策的一些言论和主张，既是广泛团结知识分子的一种凝聚力，又是调动知识分子积极性的一种推动力。比如关于自然科学工作者的红与专问题，他明确地提出："我们要求自然科学工作者又红又专，就必须要求他们自觉地用自己的专门知识来为社会主义服务"；"对党外自然科学工作者红的要求，就是：拥护党的领导，拥护社会主义，用自己的专门知识为社会主义服务。"又比如对整风、反右等运动中斗错了的同志，聂总强调说："领导上一定要承认错误，要道歉，摘帽子，恢复名誉。我们共产党人是讲究实事求是的，对就对，错就错，绝不隐瞒自己的缺点，何况又伤了同志呢？"聂总和周总理、陈毅同志一起，1962 年在广州召开的全国科学技术工作会议上，对知识分子的阶级属性作了正确阐述，进行了"脱帽加冕"工作。对于培养、使用科学人才的问题，聂总主张打破"平均主义"，对于那些有特殊才能的、特别努力钻研的、有较大成就的人，采取重点培养、重点支持的办法和实行晋级、奖励制度，对科技人员级别的提升，优秀者应当不受资历、学历、年龄的限制，等等。20 多年过去了，今天我们来看聂总这些精辟论述，仍然是很亲切的。

当时，我们认真贯彻执行了聂总的上述这些论述和要求，纠正了一部分同志把红与专对立起来的倾向；对历次政治运动中受错误批判和处分的人员，进行了甄别、摘帽子工作，解除了他们的精神枷锁。我们对科技人员贯彻了"充分信任，大胆使用，热情帮助，严格要求"的原则。有两个社会关系比较复杂的专家，尽管有"左"的思想的人对他们有某些怀疑和看法，我们仍然坚持实行重在政治表现的政策，按照他们的现实表现，充分地信任他们，让他们参加了广州全国科学技术工作会议。只要有一技之长的，我们尽量发挥他的作用。一级工程师萨本炘，解放前长期在国民党海军造船厂担任领导工作。因为他有突出的专长，虽然年老体弱了，我们仍安排他当了舰船研究院的技术顾问。在人员的使用上，我们注意打破军衔、级别的界限，选拔了 120 多名技术干部参加研究所和室的领导。除各级、各系统的总工程师、总设计师外，每个研究所都有一名科技人员任副所长。各研究室的主任大多由科技人员担任。并且保证他们有职有权，技术指挥线畅通，等等。由于采取了以上这些措施，使科技人员增强了主人翁的自豪感和责任感。当时尽管物质条件较差，生活比较艰苦，但大家都有一种发愤图强的精神，工作积极性很高，被称作是科研的一个"黄金时

期"。到了 1966 年，我到国防科委工作之后，有一次向聂总汇报，他又嘱咐我：现在"文化大革命"已经开始了，对科技人员特别是那些专家一定要保护起来。聂总顶着急风暴雨，亲自保了一些专家；有的自己保不住，就及时报告周总理，再由周总理亲自出面保。20 多年来，舰船科技队伍虽然几经风雨，但终于经受住了考验，得以发展成长。现在人数已较 60 年代初增长 3 倍多，已能担负起各型现代化舰船的研究和设计任务，成了实现海军武器装备现代化的一支基本力量。日益现代化的海军舰队，已从远海驶向远洋，航迹已经越过赤道，到达南太平洋。海军舰队乘风破浪前进留下的航迹，是那样的宽广。

聂总对海军武器装备现代化作出的重大贡献，海军指战员是永远不会忘怀的。

（刘华清）

"失骡得马"

——聂荣臻和耿飚

耿飚是一位杰出的政治家、外交活动家和军事家，曾担任过中国共产党和中国人民解放军的许多高级领导职务。在 1935 年工农红军长征途中，他"失骡得马"，与聂荣臻元帅有一段有趣的交往。

那是红一方面军和红四方面军在两河口会师以后，就在中共中央决定继续北上进入陕川边建立根据地，部队整装待发的时候，当时担任师参谋长的耿飚的那匹从瑞金骑来的骡子，突然走失了。

这匹骡子是耿飚的"宝贝"。它从不失蹄，一般情况下很有点"忠厚老实"的品格。杨成武腿部负伤后，耿飚就将这匹骡子换给了杨成武骑；行军路上有的红军战士病了，它便成为病者的"担架"；有时，收容队杂七杂八的东西也用它驮着，它"忍辱负重"，忠实地走在行军队列中。但是只要有战斗，它便换了一副样子，瞪眼竖耳，尾巴一蹶便往敌群中冲击。它熟悉了红军的各种信号，无论空袭、突围，都显出战马特有的机警与敏捷，真是一个不会说话的"战友"。

当时，这匹骡子连同耿飚专门给它定做的一套鞍具，一起失踪了。真让耿飚焦急。他当即带警卫班四处寻找。后来，一想各部队的骡马众多，可能是牲口"恋群"混在一起了，反正在哪个兄弟部队都是为革命而使用，因此，就决定不再找寻。

然而，征途遥远，还要过水草地，没有坐骑怎么行？于是，耿飚只得亲自带上几个战士，到附近去找马。

翻过几座山，耿飚和战士们在一片广阔的草原上发现了好几个马群。一问当地群众，才知道这些马群是"汉人"寄养在这里的。

当时，内地一些商人，到藏民区做生意，据说一小把"洋火"、一撮盐巴，就可换一匹好马。有的商人换到马以后，一时无法带走，便寄养在卖主家里，由人家代养。有时，这些商人几年不归，马群里寄养的马产下小马，小马又下了小马，将来也如数归还买主。当时看到的这几群马，就是多年没人认领的寄养马群。草原上水草丰美，这些马一匹匹膘肥体壮，很适合做战马。

耿飚看中了一匹"儿马"，决定征用它。但是这些马在草原上放任惯了，很不好靠近，加上也没有什么套马工具。只能徒手穷追。耿飚追的那匹马遍体雪白，四个蹄子是黑色的，很像《三国演义》里说的那匹"的卢"马。他抓住它的尾巴，那马由于负痛，后半部下沉，耿飚于是便飞身骑上去，但是这种光溜溜的"骣马"无抓无挽，三下五除二就把他甩了下来，于是他也上了倔脾气，再追，再上。这种抓住尾巴上马的技巧后来成了耿飚的绝招，在陕北体育运动会上多次为部队表演过。

折腾了一天，耿飚已滚成了泥人，那匹马也被他制服了。由于这是匹领头马，所以当将头马骑回驻地时，后面跟来一大溜，有十几匹。

当耿飚将这些马配上鞍子后，正巧朱总司令要到红四方面军去。他也没有马，只有一头小骡子。耿飚说："总司令，这小骡子能骑呀？"

朱德同志苦笑一下："哪里是骑呀？我不过用它驮驮东西。"

耿飚说："送你一匹马，你来挑吧。"

一看到那么多好马，朱总司令高兴地摸摸这匹，拍拍那匹，并把耿飚

拉到一边说：

"耿飚，你有这么多，干脆给我两匹吧。"

耿飚说完全可以。朱德把小骡子上的驮子卸下来，放到一匹马上，自己又骑了一匹，高高兴兴地走了。

耿飚有马的消息，不知怎么传开了。第二天，聂荣臻得知此信后，也来到耿飚处要马，耿飚深知聂荣臻更需要坐骑，立即赠送了一匹。左权参谋长在电话里一再要耿飚给他留一匹。后来，连徐特立、董必武几位老同志也写了条子来，耿飚都一一满足了他们的要求。最后仅剩下自己的那匹头马了。

（耿文卞）

"尖端科技白手创"，"事难忘，情难忘"
——聂荣臻和张爱萍

聂荣臻元帅和张爱萍上将曾经先后担任过新中国国防科技战线的主要领导人。两位领导者在组织指挥国防科学技术的宏伟事业中，亲密合作，结下了深厚的情谊。

粉碎"四人帮"以后，我国的航天科技事业突飞猛进。

随着岁月的流逝，聂帅年事已高，不再担任国防科工委的领导职务。这位中国航天事业的奠基者和开路人，仍然惦念、关怀着中国航天事业的发展。他听说通信卫星研制、发射过程中遇到困难，便托工作人员转告参试人员，不要指望一次成功，要遵循规律，总结经验，克服困难，继续前进。某火箭发射基地建场二十五周年纪念日来到了，他寄去了热情洋溢的贺信。他听了中国运载火箭将为外国发射卫星的情况汇报，高兴得绽开了笑脸，要求航天工业部的同志面向世界，面向未来，迎接国际航天技术的挑战。

党的十一届三中全会之后，国防科技事业进入了一个崭新时期。年届八旬的聂帅，不顾体弱多病，仍然十分关心国防科技事业的发展。他积极支持张爱萍同志把研制洲际导弹、潜地导弹、通信卫星作为 20 世纪 70 年代末和 80 年代初国防尖端技术的重点任务，并加快新型常规武器装备的研制工作。对完成这些任务的每一步进程，他都给予密切关注和热情鼓励。这三项重大任务的圆满完成和性能比较先进的新型常规武器的研制成功，实现了国防科技事业新的突破。

聂帅对科技事业和科技人员有着特殊的深厚感情。前些年他身体较好时，不管在什么情况下，凡是科技方面的事，从来不怕别人去打扰他。1984年 3 月，聂帅正病卧医院里，4 月 8 日晚我国研制的第一颗试验通信卫星按时发射了。在这之前一些准备工作情况已陆续向老帅报告过，现在是卫星已进入预定轨道，所以又立即向他报告。老帅听了非常高兴，连问了几个有关卫星发射后运行情况的问题。这时他完全不像一个病人，不顾医生的劝阻，竟如当年亲临基地组织指挥发射试验一样，一定要等待结果。

第二天下午，他又把具体组织这次试验的一位领导同志请来，询问卫星在太空定点的有关技术问题。卫星经过几天紧张的测控，顺利地进入了同步轨道。又经过两天的通信试验，证明试验完全成功。聂帅高兴地连声说道：很不简单、很不简单啊！这样的先进技术，现在世界上只有少数几个国家才有。老帅为祖国的科技人员在条件如此差的情况下，创造出国际上第一流的高科技成果，由衷地感到骄傲和欣慰。

4 月 18 日，报纸发表了此次地球同步轨道通信卫星试验成功的消息，举世瞩目。聂帅就在这一天也向国防科工委主任张爱萍同志发了贺信，表达了对我国科技人员的高度赞扬和鼓励，他说："我素知这支科技队伍是一支坚强的攻关队伍。从指挥员到战斗员都身经百战，百炼千锤，基础扎实，善打硬仗。"聂帅还说："从一张白纸，到能发射同步卫星，这可是了不起的飞跃。这说明现代化是干出来的，不是买进来的。"他叮嘱工作人员贺信中一定要写上："发扬自力更生和勇于拼搏的精神。一步一步奔向世界新技术的高峰！"

进入 90 年代，聂帅已年过九旬，还殷切希望科技工作者牢记科技兴国的重托，特别关注抓好电子技术。1991 年 11 月，他抱病给《当代中国的国防科技事业》一书作序。在序中，聂帅深情地说："国防科技事业是我国社

会主义现代化建设的重要组成部分，又是一个鲜为人知的领域，投身于这项事业并为之长期奋斗的人们都是无名英雄。""当前，以高、新技术为标志的科技革命已经在世界范围内取得了迅猛发展，并日益成为衡量一个国家综合国力和军力的重要因素。科学技术是生产力已越来越为人们所认识。今后的十年是振兴中华关键的十年。在实现国民经济建设和社会发展的第二个战略目标和新科技革命中，我国科技工作者担当着重大的历史责任，也是一个大显身手的机遇。作为科技战线的一名老战士，我期待并坚信，具有光荣传统的国防科技战线的同志们，一定能够发挥自己的优势和先导作用，为我国社会主义四个现代化建设创造无愧于伟大祖国、无愧于中华民族的新的业绩。"这是聂帅给国防科技战线广大科技工作者和部队官兵留下的深切遗愿。

聂帅逝世后，张爱萍上将泪落戎衣。他写挽词《长相思·痛悼聂帅》，词中写道：治国邦，卫国邦，尖端科技白手创，中华振兴国威壮，伟绩天下扬。事难忘，情难忘，白骨妖魔乱国纲，"翻案后台"我愿当，浩然正气张。表达了老将军对聂帅的特殊情感和对聂帅征战一生丰功伟绩的亲闻亲知。

（卞 吉）

同张国焘分裂党和红军的阴谋作斗争
——聂荣臻和张国焘

两河口会议是张国焘野心暴露的起点。这时，经过万里之行的中央红军，军衣破破烂烂，在张国焘的眼里，还不如"他的"队伍有战斗力。本来不管哪个方面军，都是中国工农红军，都是党的部队，谁有战斗力都是好事，可是张国焘动了野心。当时四方面军的队伍人员比较充足，除5万多人的部队外，还从川北带来一些帮助他们运东西的男男女女，总共约有8万人。张国焘把这些都看成是他闹独立的资本。另外，在两个方面军会合以后，一方面军中也确有人从一种不正确的动机出发，歪曲地把一方面军的情况和遵义会议的情况，偷偷地告诉了张国焘，也使张国焘起了歹心，认为中央红军不团结，他有机可乘。对张国焘这个人，过去聂荣臻是了解的。他狡猾阴险，个人野心很大。所以，聂荣臻对他是有警惕的。

两个方面军会合之后，本应有一个统一的行动计划。早在两军会师以前，6月16日、18日，中央、军委曾两次致电张国焘，告知党中央关于建立川陕甘革命根据地的意见，即：一、四方面军会合后应以嘉陵江与岷江上游中间地区为目标，争取建立根据地。如不成，则应北出平武，到陕甘南部地区去创造根据地，切不可向川西发展。因为以懋功为中心的地区，纵横千余里，均为深山穷谷，人口稀少，给养困难，大渡河两岸直至峨眉山，情形略同。至于西康，情形更差。出川西地区，均为下策。并指出实施这个计划的关键，当前是要将茂县（今茂汶）、北川、威州控制在我们手中。但张国焘就是不听，放弃川北的茂县、北川等地，率领四方面军大部队向川西懋功一线转移。

6月26日，中央在两河口正式召开政治局会议，会议决定：红军"主力向北进攻。在运动战中大量消灭敌人，首先取得甘肃南部，以创造川陕甘苏区根据地，……以争取中国西北各省以至全中国的胜利"。这个决定无疑是正确的。在会上张国焘却坚持异议，态度傲慢，主张到川康边境去创建根据地。会议虽然作了决定，但张国焘根本就不愿执行。他以后的行动证明了这一点。这次会议，也暴露了张国焘要搞分裂，想夺权的野心。

在两河口会议结束后的第二天，有这么一件事，引起聂荣臻的警惕。张国焘忽然请聂荣臻和彭德怀两人去吃饭。席上，开始他东拉西扯，说聂、彭"很疲劳"，称赞聂、彭"干劲很大"。最后说，他决定拨两个团给聂、彭补充部队，而实际上不过是相当于两个营的兵力，1000人左右。从张国焘住处出来，聂荣臻问彭德怀，他为什么请我们两人吃饭？彭老总笑笑说，拨兵给你，你还不要？聂荣臻说，我要。往下聂荣臻再没有说下去。

一方面军又翻越了几座比夹金山还要高得多的大雪山，由于部队有了经验，都学会了腾起一点身子，放平两只脚，轻轻地从雪上走过，陷到雪里去的很少，没有像过夹金山牺牲那样多人。两河口会议以后。军委制订了松潘战役计划，以消灭胡宗南的主力。当时得知在松潘附近有胡宗南的

共 16 个团。为了打松潘，我军编成左、中、右三路军，分头向北，继续前进。

因为这一带人烟稀少，又是少数民族地区，部队严重缺粮，几乎天天为粮食发愁。这种情况，完全证实了中央一开始的正确判断。

当时为了掌握政策，团以上都有筹粮委员会，统一筹粮，统一分配。在饥饿中，能吃到一点正经粮食就不错了。蔬菜简直谈不上，能吃到一点豌豆苗那就美极了。

那时一军团是前卫，四方面军的三十军临时归聂荣臻指挥。前面，毛儿盖驻有胡宗南的一个营，7 月 16 日，三十军和二师四团将那个营击溃了，占领了毛儿盖。部队到了毛儿盖，缺粮情况才比较缓和了。因为毛儿盖周围，是个农牧区，土地肥沃，青稞比较多，蚕豆长得很高，藏民养的牛羊也不少。当然，对当时那么多部队来说，仍然是只能救一时之急。

中央曾利用在毛儿盖休息的时机，于 8 月初召开了政治局扩大会议。聂荣臻参加了这次会议。会议讨论了当时面临的形势与任务，通过了《由于一、四方面军会合后的政治形势与任务的决议》，要求加强一、四方面军的兄弟团结，重申了创造川陕甘苏区根据地的既定方针，反对南下逃跑及各种右倾、动摇。特别指出，由于一、四方面军的会合，战斗力比以前更大更集中了。西北各省是中国反动统治及帝国主义势力最薄弱的地区，一、四方面军在西北部的活动，将给中国革命和红军发展以及创造西北根据地造成有利条件。会上，中央和张国焘斗争很激烈。张国焘企图挑拨一、四方面军之间和一方面军内部各兄弟部队的团结，中央对他的许多谬论都一一给予了驳斥。

另外，还召开了一个沙窝会议。那时四方面军的十一师，政委是陈锡联同志，驻在沙窝，会议是在十一师司令部开的。张国焘要补选中央委员，改组中央。毛泽东和他作了坚决斗争。聂荣臻那时随部队到另一个地方执行任务去了，没有参加。周恩来也没有能参加，因为他肝病犯了，曾经把"戴胡子"医生调去护理他。听说毛泽东同志对张国焘说："你这是开的督军团会议。"意思是向中央要权。

毛儿盖会议鉴于胡宗南兵力已经在松潘附近集中，毛儿盖附近全是藏民，对红军不了解，特别是粮食困难问题，虽有缓和，仍未解决，因而决定放弃松潘战役计划，不打松潘，只作为钳制方向。全军改为执行夏洮战役计划，即北上甘肃南部，在夏河至洮河流域建立新的根据地；为此，决定一、四方面军分别向毛儿盖和卓克基两地逐渐集中，组织左右路军。右路军由徐向前和陈昌浩同志指挥，由一方面军的一军团、三军团——这时一度改称一军和三军，四方面军的四军、三十军及军委纵队一部和新成立的红军大学组成。左路军由朱总司令指挥，实际上是由当时已升任红军总政委的张国焘指挥，由四方面军的九军、三十一军、三十三军，一方面军的五军团、九军团及军委纵队的一部组成。先分两路北上，右路军以班佑为目标，左路军以阿坝为目标，然后在巴西会合。

右路军组成后，有一天，聂荣臻和林彪在右路军的总指挥部开过会留下来吃晚饭，吃了很多胡豆。右路军的政治委员是陈昌浩，他是代表张国焘的。吃完了晚饭还没有天黑，陈昌浩说："林彪同志你可以先走，荣臻同志你留下来，我们还要谈一谈。"留下后，他问聂荣臻，你对遵义会议态度怎样？你对会理会议态度怎样？聂荣臻说，遵义会议我已经有了态度，会理会议我也早已有了态度，这两个会议我都赞成，我都拥护。看来，他们认为，林彪已经不成问题了，要做聂荣臻的工作，要动员聂荣臻出来反对毛泽东同志。谈话时徐向前也在场，但他在一边，在地图上画标号，正在计划作战方面的事，他没有作声。就是陈昌浩一个人在那里高谈阔论。谈到晚上10点钟了，聂荣臻说，昌浩同志，我要回去了，明天还要行军。陈才说，好吧，你走吧。聂荣臻就带了两个警卫员，牵着一匹骡子，离开了。聂荣臻走了半夜多，才摸回一军团军团部。

8月中旬，聂荣臻带部队向北走，张国焘向西走，聂荣臻带部队向巴西、阿西前进，张国焘就向阿坝前进。到了阿坝；张国焘老说阿坝如何如何好，强调种种理由，就是不向巴西方向来，企图以既成事实，诱使右路军也向西进。真是奇谈怪论！阿坝再好，也只有那么大一块地方。聂荣臻对同志们说，我们光在毛儿盖附近，前后就耽搁了一个多月，再不能在草地拖了。还是照毛泽东同志讲的，出甘肃，不然我们就要完了。聂荣臻告诫林彪说，你要注意，张国焘要把我们"吃"掉。因为聂荣臻当时已经获悉张国焘还有一个方案，要把聂荣臻调到三十一军去当政治委员，把林彪调到另一个军去任军长。总之要把聂荣臻等调离原部队，只不过是命令还

没有发出。当时林彪已经有他自己的"立场"。他说，你这是宗派主义。聂荣臻说，怎么是宗派主义呢？对这个问题，我们要警惕。张国焘和中央的思想一贯不一致。我们应该想一想。聂荣臻说这是路线问题。林彪反驳说，既然是路线问题，你说他路线不对吗？那他们为什么有那么多人哪？我们才几个人哪？这时，一方面军的确只剩下两万多人。聂荣臻驳斥他说，蒋介石的人更多哩，难道能说蒋介石的路线更正确？这时左权、朱瑞都在场，都未表态。左权当时不表态有他的苦衷，他知道当时王明等人怀疑他是托派，这完全是冤枉，所以他说话十分谨慎。朱瑞是在长征途中接替李卓然任一军团政治部主任的。在争论时，他既没有支持聂荣臻，也没有公然支持林彪。这次争论，聂荣臻和林彪都动了气，拍桌子把一个盘子也打翻了。

右路军8月21日开始出发向草地前进，一军团由二师四团作先导，走前卫。随后出发的是右路军司令部和毛主席、张闻天、博古及红星纵队的一部、红军大学等。然后是四军和三十军，最后是正在病中6天没有进饮食的周恩来同志带着三军团殿后。

离开毛儿盖北行40里就进入草地。草地可以说根本没有路，当时由侦察科长苏静同志，带了一个指北针，找到了一位藏族老太太当向导，在前边为部队开路。聂荣臻带部队走了20里地就到了腊子塘，路不好走，晚上把树枝架成棚子宿营。第二天走了50里到达分水岭，在附近森林中宿营。第三天走了70里到了后河，能寻见单株树的，在树下宿营。第四天离色既坝40里宿营。这一夜没有下雨，附近也无森林，选择了一些干燥的高地，勉强对付了一夜。第5天才走到班佑。这只是水草地。整个草地的景象，真是"天苍苍，野茫茫"，千里沼泽，"夐不见人"，"鸟飞不下，兽铤亡群"，这就是草地。我们的红军战士，就是在这样的荒原上，燃篝火，食青稞野菜，互相激励，相扶而行。天气是风一阵、雨一阵。身上是干一阵、湿一阵。肚里是饥一顿、饱一顿。走起来是深一脚，浅一脚，软沓沓，水渍渍。多少人挺过来了，不少人倒下去了。

因为张国焘拒不受命，使红军耽误了行程，而国民党军队却争取了时间，逐渐从南从北从东围过来了。这时尾追我军的川军已占据懋功，蒋介石的嫡系周浑元纵队已集结在雅安，胡宗南的四个师已在松潘、漳腊、包座一线布防，在巴西附近的高山筑起了碉堡群。进到包座的是国民党原福建军阀张贞指挥过的第四十九师，这是我们一军团在中央根据地的夙敌，这次被我右路军第三十军消灭了它两个整团。右路军才进入巴西。

尽管中央在巴西一带等着阿坝附近的左路军按原定计划前来会合，张国焘不仅不来，反而凶相毕露，打电报命令陈昌浩带领右路军，包括原一方面军的一、三军团全部南下，背弃中央北上的决定。居心险恶。这份电报发到班佑寨右路军司令部，被当时右路军参谋长叶剑英得到了，他连夜骑马到巴西报告了毛泽东。当时一军团已进到了俄界，巴西只有三军团少数部队。聂荣臻在俄界对于上述情况一点也不知道。只收到了三军团发来的一份电报，要聂荣臻停止前进，以后派武廷同志送来信件，聂荣臻才知道张国焘闹分裂和中央的危险处境。当时中央在巴西召开了紧急会议，决定半夜立即从巴西出发脱离危险境地，同时命令原一方面军三军团及军委纵队、红军大学在阿西集合，继续北上。先到俄界，会合一军团，临时组织为北上先遣支队，继续向甘南地区前进。同时电令左路军等随先遣队后北上，张国焘没有执行。

红四方面军广大指战员是好的，徐向前同志就说，哪有红军打红军的。这是张国焘的阴谋未能得逞的重要原因之一。

（下　文）

同叛徒顾顺章的斗争

——聂荣臻和顾顺章

1930 年 5 月，聂荣臻到上海中央特科工作。

中央特科，是党中央的情报和保卫工作机关。聂荣臻到特科时，它的主要任务是：打入敌人内部，及时了解敌情，以保卫党中央和地下工作同志的安全；营救被捕同志和镇压叛徒、特务。当时的特科由 3 个人领导：向忠发、周恩来、顾顺章。周恩来是决策人。日常工作由顾顺章负责。向忠发挂名不管事。

调聂荣臻到特科的意图是，为了从政治上加强特科。中央发现顾顺章吃喝嫖赌抽大烟，样样都干。他把这些特科工作的掩护手段，变为追求个人享受的目的，日益腐化堕落，引起了党的警惕。顾顺章这个人过去耍魔术，在上海开过一家魔术店，是个流氓无产者。他在党内掌握了一部分权力之后，就趾高气扬，胡作非为。当时还没有想到他会叛变，只是感到，如果放任他这样下去，会出问题。调聂荣臻来，就是为了约束他的放荡行为。

到了上海，经过李立三谈话后，聂荣臻就到顾顺章那里报到。顾顺章猜想到所以调聂荣臻来，是对着他的，对他的放荡行为是不利的，所以，就想各种办法刁难聂荣臻。他是特科负责人，要给你小鞋穿，你有什么办法。他晓得这些人从国外学习回来，没有搞过特科这种事，初来上海，人生地疏，经验不足，就专门派给聂荣臻一些很困难很危险的任务。不过，并没有难倒聂荣臻，交代的任务都完成了。

1931年初，四中全会以后，王明宗派主义集团夺了中央的领导权，否定了三中全会，以比李立三更"左"的冒险主义路线指导工作。接着，就向各个根据地派出了一批"钦差大臣"，以便进一步贯彻他们的路线。

1931年3月，中央决定叫顾顺章为张国焘、陈昌浩到鄂豫皖工作布置路线。4月，顾顺章由鄂豫皖返回，路过武汉时，竟登台表演魔术，被叛徒发现逮捕。顾顺章这个家伙，除了吃喝玩乐之外，再一个特点，就是乱干，为所欲为。聂荣臻在特科时，他曾经拟订计划，要用几箱炸药，爆炸一品香旅馆，还想组织力量，抢劫私运毒品的外轮，以制造所谓"声势"。这些当时都被聂荣臻他们制止了。这次他又擅自行动，招致被捕。

顾顺章被捕后，立即叛变，他的叛变，给特科的工作带来了极大危险。因为他曾是政治局委员，又长期负责特科工作，他对中央机关的情况和负责同志的情况，知道得非常清楚。还由于中央领导同志常在他家里碰头，所以，连他的家属、亲戚以及佣人，都认识许多中央负责同志。

万幸的是，特科在南京特务机关心脏中，安插了钱壮飞同志，从而使我们党避免了一场大灾难。钱壮飞非常能干，得知顾顺章被捕叛变的消息后，因为情况万分紧迫，就立即亲自回到上海，向中央报告。

聂荣臻得到情报后，急忙赶到周恩来家里，不巧，他出去了，聂荣臻就告诉邓大姐，顾顺章叛变了，你们要赶快搬家。

当时情况是非常严重的，必须赶在敌人动手之前，采取妥善措施。恩来亲自领导了这一工作。把中央所有的办事机关进行了转移，所有与顾顺章熟悉的领导同志都搬了家，所有与顾顺章有联系的关系都切断了。两三天里面，特科紧张极了，夜以继日地战斗，终于把一切该做的工作都做完了。等敌人动手的时候，同志们都已转移，结果，他们一一扑空，什么也没有捞着。

在敌人还没有动手的时候，同志们搜查了顾顺章的家，发现了顾顺章写给蒋介石但还没有发出的一封信，说明他早就有叛变的打算了。

顾顺章急于邀功，在被解到南京的第二天，亲自到南京监狱，指认了恽代英。恽代英1930年就被捕了，但他化了名，坐了一年监狱，敌人一直没有认出他来。由于顾顺章的出卖，第二天，恽代英就被杀害了。

在上海，顾顺章带着特务，搜查了特科几乎所有的机关，只剩下一个汽车行没有被搜查。那是军委的一个联络点，顾顺章不知道。这个联络点的负责人叫刘仲华，又名刘子华，是军委机关搞情报和联络工作的。在艰苦复杂的白区地下斗争中，他的表现很好，工作是有成绩的。恩来、富春、聂荣臻，在情况紧急时，都到过这个联络点得到掩护。蔡和森有个孩子，一直由这个联络点的房东太太抚养长大，全国解放后来到北京，蔡畅还请她吃过饭。解放战争时期，刘仲华跟李宗仁的南京政府谈判代表团一起，参加了和我们党的谈判，还给我带来了一封李宗仁的亲笔信。刘仲华解放后担任过北京市园林局局长，"文化大革命"中去世。

顾顺章叛变后带领敌人千方百计搜捕不少同志，还亲自训练特务搞了一套对付同志们的办法，不遗余力地效忠他的主子。但是，由于特务内部派系之争，他后来还是被敌人杀掉了。这个可耻的叛徒，终于得到了应有的下场。

为了躲避顾顺章，聂荣臻搬家到了虹口区的提篮桥。工作虽然在继续进行，但危险性很大。过去与顾顺章交往很多的人，就经常待在家里，不敢上街，从那以后，组织上就已经在考虑这部分人撤离上海的问题。1931年12月，聂荣臻终于奉命离开了上海。先转移到中央革命根据地去。到中央根据地，只不过是路过，目的是要到湘鄂赣根据地去，聂荣臻是被分配

到湘鄂赣根据地工作的。因为一个人去那里不容易，听说湘鄂赣有代表在中央根据地开会，聂荣臻到了那里就可以随他们一起去目的地了。

组织上的决定是正确的。自从顾顺章叛变之后，上海形势已经大变，很多地下组织已经被敌人破坏了。像顾顺章这样曾在特科搞了很久的人叛变，对我们党保存在上海的核心力量来说，已构成很现实的严重威胁；而聂荣臻又是和顾顺章打过长期交道的人，自然是及时撤离为好。何况根据地正在大发展，正缺人手去开展工作，聂荣臻又是学军事的，根据地正是他的直接用武之地。因此，一经组织上通知，聂荣臻即匆匆地告别了留在上海坚持斗争的同志，告别了妻子和正牙牙学语的女儿，踏上了去中央根据地的征途，相期于全国革命胜利之后再相见。

（边　文）

四十余年的交往及斗争

——聂荣臻和林彪

我（即聂荣臻，下同。）认识林彪，最早是在大革命时期的黄埔军校。他当时是第四期学生，我同他没有多少接触，印象不深。林彪到叶挺独立团不久，就参加了南昌起义，以后又随朱德、陈毅同志率领的起义军到达井冈山，并先后担任过连长、营长、团长，直至红四军军长。

据朱德、陈毅、萧克、曾山、邓子恢等老同志谈，这一时期林彪就有许多严重错误。他独断专行，排挤同级政工干部，当连长时看不起营长，当营长时又反对团长。南昌起义失败后，起义军转战到湘南大余，他动摇离队，只是由于不认识路，才不得不折回部队。在中央革命根据地环境困难时，他多次要求离开主力去打游击，甚至提出了"红旗到底打得多久？"的问题。毛泽东同志1930年1月写的《星星之火，可以燎原》的文章，就是为批驳林彪的悲观动摇而写给林彪的一封复信。在作战时，林彪又经常不顾大局，不服从命令，擅自行动，置别人的安危于不顾。他当团长时的团党代表何挺颖同志，就是在一次战斗中负伤后，林彪扔下他不管而牺牲的。

打开漳州以后，部队很快分散，四军在漳州、石码、长泰等地，三军在漳浦，十五军在天宝、南靖等地发动群众打土豪，扩兵，筹粮筹款。可是在漳浦，有的部队在林彪纵容下，对政策的执行一度搞得很混乱，甚至把一些不交款的老财弄到街上去拷打。为了制止这些违反政策、脱离群众的做法，我和林彪之间，发生了我们共事史上的第一次争吵。

我在黄埔军校就认识林彪。北伐到武汉，林彪由黄埔军校毕业分配到独立团实习，就是经过我的手分配的。这次我和林彪一起被派到一军团工作，在我当时看来，林彪还年轻，世故也比较少一些，虽然气盛，但只要做好工作，还是可以团结共事的。我对他所持的态度是：尽量支持他的工作，遇到非原则问题，即使有不同的看法，也不多争论。但是遇到原则问题就不能让步。

而在漳州前线发生的分歧，的确是原则分歧，是我们红军这个执行政治任务的武装集团执行什么样政策的问题。这将直接影响到当时民心的向背，关系到新开辟的地区能否巩固和发展。我对林彪说：对一些不肯出钱的老财，给他们一定的惩戒是必要的，但我反对把他们弄到大街上去拷打的搞法。这种搞法不光不会得到一般市民的同情，甚至也得不到工人、农民的同情。其结果只会是：铺子关门了，人也逃走了，筹款筹不到，政治影响反而会搞得很坏。林彪当时反问我说：我们究竟要不要钱？没有钱就不能打仗。我回答他，我们既要钱，又要政治。我们是红军，如果政治影响搞坏了，即使你搞到再多的钱，你甚至把漳州所有的老财的财产都没收了，都毫无意义。经过争论，林彪有所收敛。部队经过教育，也杜绝了只顾弄钱不讲政策的倾向。

在此期间，我的心情是很苦闷的。在一军团，林彪执行"短促突击"特别积极。上边4月份提出"保卫广昌"，5月份又提出"保卫建宁"，7月中旬提出"保卫长汀"，9月底提出"保卫兴国"。我们军团今天在这里突一突，明天又在那里突一突，把自己的力量都突光了。我认为这样打在战役上不能解决问题，在战术上也不能解决问题，只是徒然消耗弹药和兵力而已。这些话，我只有和左权同志讲，林彪那时忽然在6月17日发表《论

短促突击》的文章，正受到重视，我是不放心对林彪讲这些话的。

对林彪发表这篇文章，我开始感到突然，仔细想想，也不奇怪。第五次反"围剿"开始以后，大约在1934年2月上旬，李德到一军团来过一次，在干部会上大讲一通阵地战。干部们都听不懂。林彪说："你们不懂，这种打法我也不懂，但不懂就学嘛！"突然发表《论短促突击》这篇文章，自然不仅是谈战术，实际上是他这时的一个政治上的表态。

到了10月，中央根据地日益缩小，红军日益陷于被动，"左"倾冒险主义者采取的单纯防御的方针遭到彻底破产。他们总不愿意让红军大踏步前进、大踏步后退，实行机动作战，而提出"以碉堡对碉堡"，死守根据地每块"国土"，"寸土必争"，"御敌于国门之外"。结果，"国土"还是丢了。红军不能不作战略转移——走长征这条路了。

总之，第五次反"围剿"的失败，不是偶然的，而是战略错误，路线错误。是王明"左"倾分子在中央排挤了毛泽东同志正确路线领导的必然结果，是否定了一至四次反"围剿"制胜的积极防御方针，执行单纯防御方针的必然结果。以碉堡对碉堡，实行"短促突击"，光在内线顶牛、拼消耗，不集中兵力，所谓两个拳头打人，六路分兵；既不敢诱敌深入，寻机歼敌，又不接受毛泽东同志将红军突入到闽浙赣外线去调动敌人回援的建议，导致了第五次反"围剿"的失败和中央根据地的丧失，铸成了这次历史性的错误。但是只要革命的火种不灭，中国革命仍然是会胜利的。

中央红军长征开始后，我和林彪之间，为了部署突破敌人第三道封锁线，发生了长征路上的第一次争吵。我平时总认为林彪不是不能打仗之人。有时他也能打。他善于组织大部队伏击和突然袭击。可是由于他政治上存在很大弱点——个人主义严重，对党不是很忠诚，有时就使他在军事指挥上产生了极端不负责任的行为。这次在突破敌人第三道封锁线时就表现得很明显。当时一军团受领的任务本来是要派一支部队控制粤汉铁路东北约10多公里的制高点——九峰山，防备广东军阀先期占领粤汉线上的乐昌以后，向我发动袭击和堵截，以掩护中央纵队从九峰山以北到五指峰之间安全通过。因为我们早就知道广东军阀的部队正在开赴乐昌。可是林彪不执行军委命令，不占领九峰山，一直拣平原走，企图一下子冲过乐昌。他持的理由是敌人还没有到达乐昌。我说，那可不行！我也估计敌人可能还没有到达乐昌。可是我们离乐昌还有一段路程。我们的两只脚怎么能跟敌人的车轮比呢？就算敌人现在还没有到乐昌，等我们用两只脚走到乐昌，也可能和敌人在乐昌碰上了。因为敌人是乘车。同时，我们也不能只管自己在平原上跑过乐昌就算完，还有中央军委纵队在后面，我们担任的是掩护任务。如果我们不占领九峰山，敌人把后面的部队截断怎么办？我认为这是个原则问题，作为政治委员，对军委命令的执行，是负有责任的。因此，我坚决主张按军委命令行事。当时我们争吵得很激烈。左权参谋长为了缓和这场争吵，他建议派陈光带一个连到乐昌去侦察一下。我说，侦察也可以，不侦察也可以，你去侦察时，敌人可能还没有到，等你侦察回来，敌人可能就到了。担任如此重大的掩护任务，我们可不能干这些没有把握的事。我说，我同意派人去侦察，但部队继续前进，一定要遵照军委的命令行事，一定要派部队控制九峰山。以后陈光侦察回来说，在乐昌大道上已经看到敌人，正在向北开进。林彪这才不再坚持了。

幸亏我们没有图侥幸。11月6日下午3点，军团部到了麻坑圩。林彪亲自利用敌人的电话线，装作敌人的口气，和乐昌道上赖田民团团长通了一次电话。该民团团长告诉他，红军到了何处，他不知道。乐昌前日到了粤军邓龙光部的3个团，一团今日开往九峰去了。这时，他才着了急，赶紧派二师四团，昼夜直奔九峰山，抢先占领阵地，随后派出得力部队，攻击九峰山南侧的茶岭，监视了九峰圩的敌人，保证了左翼的安全。再加上三军团在右翼先后占领了宜章、良田等城镇，这就更增加了有利条件，从南北两个方向掩护中央军委等后续部队，从九峰以北安全地通过了第三道封锁线。

四渡赤水以后到会理期间，在中央红军领导层中，泛起一股小小的风潮，算是遵义会议后一股小小的余波。遵义会议以后，教条宗派主义者们并不服气，暗中还有不少活动。忽然流传说毛泽东同志指挥也不行了，要求撤换领导。林彪就是起来带头倡议的一个。

本来，我们在遵义会议以后打了不少胜仗，部队机动多了。但也不可能每仗必胜，军事上哪有尽如人意的事情。为了隐蔽自己的企图和调动敌人，更重要的是为了甩掉敌人，更不可能不多跑一点路；有时敌变我变，事后看起来很可能是跑了一点冤枉路。这也难免。但林彪一直埋怨说我们

走的尽是"弓背路"，应该走弓弦，走捷径。还说："这样会把部队拖垮的，像他这样领导指挥还行!?"我说："我不同意你的看法。我们好比落在了敌人的口袋里，如果不声东击西，高度机动，如何出得来!?"在会理休整时，林彪忽然给彭德怀同志打电话，他煽动彭德怀同志说："现在的领导不成了，你出来指挥吧。再这样下去，就要失败。我们服从你领导，你下命令，我们跟你走。"他打电话时，我在旁边，左权、罗瑞卿、朱瑞同志也在旁边。他的要求被彭德怀同志回绝了。我严肃地批评林彪说："你是什么地位？你怎么可以指定总司令，撤换统帅？我们的军队是党的军队，不是个人的军队。谁要造反，办不到!"我警告他说："如果你擅自下令部队行动，我也可以以政治委员的名义下指令给部队不执行。"林彪不肯听我的话。他又写了一封信给中央3人小组，说是要求朱毛下台，主要的自然是要毛泽东同志下台。他还要求我在信上签个名，被我严词拒绝了。我对他说："革命到了这样紧急关头，你不要毛主席领导，谁来领导？你刚参加了遵义会议，你现在又来反对遵义会议。你这个态度是不对的。先不讲别的，仅就这一点，你也是违反纪律的。况且你跟毛主席最久。过去在中央根据地，在毛主席领导下，敌人几次'围剿'都粉碎了，打了很多胜仗。你过去保存了一个小本子又一个小本子，总是一说就把本上的统计数字翻出来，说你缴的枪最多了。现在，你应该相信毛主席，只有毛主席才能挽救危局。现在，你要我在你写的信上签字，我不仅不签，我还反对你签字上送。我今天没有把你说服了，你可以上送，但你自己负责。"最后，他单独签字上送了。

1936年5月12日，毛泽东同志在会理城郊外一个名叫铁厂的地方亲自主持召开了中央政治局扩大会议，除了政治局委员以外，彭德怀、杨尚昆同志还有我和林彪参加了这个会议。会上，毛泽东同志对林彪的反党活动进行了严厉的批判。对林彪所谓"走了弓背"的谬论，进行了驳斥。说：你是个娃娃，你懂得什么!?

经过直罗镇战役，敌人对陕北根据地的第三次"围剿"被我们粉碎了。顿时，阎锡山的队伍不敢来了，张学良的队伍也不敢来了。相反的，张学良和东北军的许多部队有些动摇，我们俘虏的那些团长以下的军官和士兵放回去以后，首先在宣传上起了很大的作用，至少使流亡关内的东北军，知道红军是个什么样的队伍，这个队伍执行的是什么样的政策，知道红军是主张抗日的，是压根儿不愿打内战的，对东北军的处境是很同情的，我们在东北军中的党组织，在它的上、下层各类人员中都做了很多工作。西北军中也一样，和我们早就有关系。当然最根本的，是红军有战斗力，足以粉碎任何进攻。他们知道了这一点，所以不敢来了。

前面说了，林彪的意见是要到陕南去打游击。瓦窑堡政治局会议12月23日通过了军事战略问题的决议，确定了"把国内战争同民族战争结合"的方针，红军作战的主要目标应该是汉奸卖国贼的军队，并注意要大力扩大红军。一方面军要把军事行动放在"打通抗日路线""巩固扩大现有苏区"这两项任务之上。具体步骤是把红军行动与根据地发展的方向，放在东边的山西与北边的绥远等省去。这个决议发布后，多数同志同意战略方向向东，但有的同志仍怕红军主力东进后，陕北根据地可能丧失。有的同志则提出了所谓张学良抗日不反蒋，阎锡山反蒋不抗日，我们的主要敌人是蒋介石，因此我们仍应南下，或者东进只作佯攻，目的是吸引阎锡山在陕北的四个旅回援山西，在运动中消灭它。李德则在所谓《对战略的意见书》中，诬蔑毛泽东同志东进是想要挑起苏日战争。因此，毛泽东同志在延长会议上反复说明阎锡山与日寇正勾勾搭搭，东征讨阎无论政治上军事上都对我们有利，我们执行的是"在发展中求巩固"的方针，希望通过东征能建立一块根据地，与陕北根据地连接，在山西"筹款"、"扩红"，以解决陕北根据地"太穷"的问题。经毛泽东同志说明，大家原则上都同意东征，但仍然担心黄河天堑，渡过去后有没有回不来的可能。于是毛泽东同志又作了补充，就是一定要保证黄河各渡口在我手中，使我们进退有据。参加会议的同志最后同意了毛泽东同志的意见。

1936年5月14日，一方面军在大相寺召开团以上干部会议，总结东征，动员西征。

我和林彪带着一军团团以上干部，徐海东和程子华同志带着十五军团团以上干部参加了会议。

这次会议，毛泽东同志作了形势与任务的报告，中央书记洛甫和彭德怀司令员都讲了话。博古同志也参加了会议。毛泽东同志在总结东征时肯定了成绩，指出了缺点。

会议指出，我们一军团的主要缺点是本位主义倾向。这一缺点，主要

应该由我负责。因为我是政治委员，这个"舵"没有掌好。而且，我知道这对全军也有很大的教育意义。所以，应该受批评，我也主动作了自我批评。

随后不久，中央颁发来新的任命：林彪调到红军大学当校长，任命左权同志任一军团代理军团长，我仍任政委。

我们欢送了林彪。分别前，我们互相征求了意见。本来，我对林彪在大相寺会议上所抱的不吭气的态度是有意见的。一军团犯的本位主义还起因于他。东征时，十五军团在北线打仗伤亡比较大，再加上他们是在山区活动，筹款、扩兵都不多。那时，毛泽东同志打电报来，要我们拨点兵给十五军团。林彪气呼呼地把电报一摔，说：有鸟的几个兵！我拿过电报来，找到下边一些同志了解了一些情况。下边的同志也都反映有困难。一军团的连队也不充实，有的连应有的班的建制都编不全。我当时也想不拨或少拨一点，也有本位主义思想。后来我们打了个电报给毛泽东同志，请求免拨。所以在大相寺会议上，我作了自我批评。而林彪却一声不吭，一点自我批评精神都没有。但是我又觉得事情反正已经过去了。特别在他临走之前，我们应该多看到他在一军团工作上的建树和成绩，就没有向他提出来。可是他对于我们过去发生的一些争论，仍耿耿于怀。他归结说："我们在一起搞了好几年，现在要分手了。过去我们之所以发生分歧，你是从组织上来考虑的，我是从政治上考虑的。"我回答他说："你这个说法不对。你把政治上和组织上绝对对立起来，完全不对头。我们之间争论的许多问题，都是政治问题。你现在要走了，现在又扯这些问题，扯几天也扯不清。还是等以后有机会再慢慢扯吧。今天我们主要是欢送你。"

抗日战争胜利后，我们在晋察冀也提出了"和平、民主、团结"的口号。那时候，把和平、民主、团结三大口号，作为我们的任务提出来，不是哪个人、哪个地区决定的，而是党中央的指示。三大口号的提出，最早出现在1945年8月25日《中共中央对目前时局的宣言》上，这个宣言指出："我全民族面前的重大任务是：巩固国内团结，保证国内和平，实现民主，改善民生，以便在和平民主团结的基础上，实现全国的统一，建设独立自由与富强的新中国……"其实，在这个宣言发表之前，毛泽东同志就在党内提出过和平民主团结的口号。后来，刘少奇同志作过一个报告，比较系统地阐述了这个问题。

对于党中央的这个指示，据我所知，各个地区都传达了。当然，晋察冀也不例外。但是，在很短的时间内，蒋介石就挑起了内战，一切都为枪炮声所掩盖了。实际上，谁也没有刀枪入库，马放南山！

九、十月间，我晋冀鲁豫军区先后进行了上党战役和邯郸战役，大量歼灭了入侵解放区的国民党军队。10月份我们与晋绥军区进行的绥远战役，也是为了反击国民党军队的进犯。毛泽东同志在重庆参加谈判的时候，还给我们发来电报。他在这个电报中说，你们越多打胜仗，我们在这里越安全；你们越多打胜仗，我们谈判越主动。我们正是按照毛泽东同志的指示行事的。

由于我们在军事上对国民党进犯军以有力打击，也由于我们党政治上的不懈努力，最后产生了《双十协定》。可是，没有过多久，《双十协定》就被蒋介石撕毁了。虽然如此，但它表明了我们党争取和平的诚意，在国内和国际上赢得了舆论的支持，赢得了人心。

没料到，事隔20多年之后，在"文化大革命"中，林彪一伙出于不可告人的目的，在这个问题上大做文章，说"和平民主新阶段"是刘少奇同志提出来的，从而加罪于刘少奇同志。

到了1968年3月，林彪一伙制造了"杨（成武）余（立金）傅（崇碧）事件"，他们又抓住这个题目，对我攻得很厉害。林彪在会上说，晋察冀搞了"和平民主新阶段，执行了刘少奇的反革命路线"。邱会作之流在一旁帮腔，说他们在东北时，就没有传达。这是在撒谎。因为刘少奇同志那个报告，不是刘少奇同志个人的意见，是依据党中央的宣言嘛！

其实，我们在这个问题上，不应该责怪任何人。在当时特定的历史条件下，我们党提出这个口号是完全必要的，有利于我们在政治上争取主动。至于军事行动，前面说了，各大战略区包括晋察冀在内，一刻也没有停止过坚决的自卫斗争。

林彪一伙还污蔑，"晋察冀执行'和平民主新阶段，最积极，将部队大批地复员"。事实是，1946年1月国共停战协定签订以后，3月初中央曾指示我们精兵简政，第一期先减1/3，既可以表明我们的和平诚意，又可以减轻人民负担。有利于解放区的巩固与坚持。此后，晋察冀军区将精简兵力

的主要部分五万多野战军转为地方武装，同时也复员了部分老弱病残和非战斗人员。在3月份的来电里，中央还要求我直接去延安商定精简方案，因为军区有许多问题要我主持讨论决定，就由军区参谋长唐延杰同志去延安参加了会议。他回来传达了具体方案以后，我们才进行了整编。可见，这是根据中央军委的统一部署执行的，怎么能说我们"最积极"呢！

新保安、张家口之战，斩断了傅作义的西逃之路，但增大了敌人从海上东逃或南窜的可能性，我军下一步的任务，是迅速攻克天津，切断他们东逃之路，进一步孤立北平，最后解放北平。

为此，华北第十九兵团和第二十兵团，结束新保安、张家口之战以后，于1948年12月29日，满怀着胜利的喜悦心情，又奉命踏上了新的征途，迅速开进到北平外围，与东北第十二兵团和第十三兵团会师，严严实实地包围了北平，积极进行攻取北平的各种准备。

同时，我东北野战军集中了5个军22个师的兵力，决定由刘亚楼同志负责指挥，准备从速歼灭天津的敌人。

北平的地下党组织，在刘仁同志领导下，为了配合当时的军事斗争和政治斗争，正积极进行着各种活动。他们利用各种关系，获取了大量的情报，源源不断地供给平津战役指挥部，使我们对敌情基本上做到了一清二楚。他们甚至通过傅作义的女儿、我地下党员傅冬同志了解掌握傅作义将军的各方面动态，劝她父亲不要跟蒋介石走。

傅作义将军的神态、言谈、情绪变化，傅冬同志都能及时、准确地了解清楚。然后，每天通过地下电台，向平津战役指挥部报告。当时，敌人在东单修建了临时飞机场，由于我地下党电台的报告和指示目标，我军对这个机场进行了严密的封锁。

几十年来，我打过许多仗，能够如此及时了解对方最高指挥官的动态，还是不多的。这对我们做出正确判断，下定正确决心，进行正确部署，具有重要的作用。刘仁和他领导的地下工作的同志，确实是可钦可敬的。可是，就是这样的一些好同志，却在十年动乱中，有许多人被林彪、"四人帮"一伙迫害致死，或受到了严重的折磨，实在令人气愤。

在接到北平地下党同志发来的大量情报之后，我脑子里转着一个问题：如果我军歼灭了天津的敌人，把傅作义将军的退路堵死，能不能和平解放北平？我这个想法，萌生在新保安、张家口歼灭战之后。在此之前，我们与傅作义的代表在石家庄就有所接触，我知道党中央和毛泽东同志已经有用军政两手解决北平问题的打算。现在，傅作义将军赖以起家的王牌第三十五军已经被我军歼灭了，这对傅作义的打击和震撼是极不寻常的。如果我军再把天津攻下来，彻底打掉他逃跑的幻想，逼着他走上谈判的道路，我认为，和平解放北平的前景是存在的，而且时机越来越成熟了。

我先同罗荣桓同志谈了这个想法。我说，我们应该努力争取和平解放北平，使北平这个文化古都免遭战火的破坏，使人民的生命财产免遭损失。罗荣桓同志听了以后，表示同意我的意见，在不放弃以战争解决问题的同时，争取通过和平方式解放北平。

林彪是不是同意这样做？有一次，我们3人都在作战室，研究完如何攻打天津之后，我谈了争取和平解放北平的想法。我说，只要我军能够打下天津，傅作义的逃跑道路就全部切断了，这样就有可能迫使傅作义接受和平解决北平问题。我还用北平地下党提供的情况，说明这种可能性是很大的，我们应该把这种可能性，通过不断努力变成现实。

林彪听了我的意见，脸上没有任何表情。他说我的想法很好，但这只是幻想，不可能实现，还是要靠打来解决问题。

我说，在平津地区，我军占绝对优势，打下天津不成问题，要打北平也很容易，北平工事不强，敌人又是惊弓之鸟，如果在进行了大量工作以后，傅作义仍然拒绝和平解决，我们掌握着主动权，随时可以下命令去打。不过，从党和人民的利益出发，应尽力把这个文化古都保全下来，因为枪炮一响，准得把北平打个稀巴烂。何况对胜利以后建都的问题，党中央已经初步选定了北平。

我又说了许多，林彪还是摇头，表示他有不同看法。但因我和罗荣桓同志意见一致，林彪也就没有再说什么。

我认为，对北平是争取和平解放，还是动枪动炮解决，事关重大。我觉得，林彪听不进去意见，我和他再争执下去，也无助于问题的解决，只好以自己的名义，单独向毛泽东同志发了电报，提出建议：在打下天津以后，争取和平解放北平。

毛泽东同志以及其他中央领导同志，看了我发去的电报以后，回电表

示完全同意。

林彪看了这个回电，没有再表示反对。但是，他把争取和平解放北平的问题，推给了我和罗荣桓同志处理，很少主动过问。我们随即根据党中央的指示，通过北平地下党的关系，向傅作义将军提出双方谈判和平解决北平的问题。

全国解放后，多次听说林彪对自己的健康疑神疑鬼，长期小病大养，我是有看法的。但"八大"二次会议以后，他被选为党中央副主席，1959年8月以后，他主持军委常务工作，对他总是往好处想得比较多。

林彪的问题，在"文化大革命"中充分地暴露出来了。

我们一些老同志同林彪之间，在"文化大革命"的一系列方针政策上，都是有原则分歧的。但是，由于两个主要原因，大家仍然尊重他，对他被指定为毛泽东同志的"接班人"，没有提出反对意见。一是看到毛泽东同志虽然经常批评他，但也信任重用他。出于对毛泽东同志的高度尊敬和信任，我们也就往好处想，认为林彪比较年轻，经过毛泽东同志的教育，可能已经认识、改正了错误。既然如此，我们如果再翻林彪的老账，也就不好了。二是在党的八届十一中全会上，新选出的政治局常委，林彪被排在毛泽东同志之后的第一名，这就从事实上确认了他的"接班人"地位。这是中央的决定，我们如果再说三道四就不符合党的组织原则了。

但实际上，林彪的极端个人主义本质并没有改变。相反，借"文化大革命"的机会，他的个人野心恶性膨胀起来，发展到了登峰造极的地步，为了篡夺党和国家的最高领导权，后来竟图谋杀害毛泽东同志。在"文化大革命"期间，他同"四人帮"勾结起来，干出了数不清的罪恶勾当。所谓"杨余傅事件"，是"文化大革命"期间林彪反党集团为了实现篡党夺权阴谋而精心策划的一个重大步骤，也是一起骇人听闻的重大冤案。1968年3月22日，突然发布了两个命令，一个是说杨成武、余立金、傅崇碧犯有极严重错误，决定撤销他们的所有职务。另一个命令是任命黄永胜为总参谋长。由于林彪别有用心和有意封锁，以致军队如此重大的人事变更，我们几位军委副主席都毫无所闻。至于这一事件何时策划，怎样酝酿的，那就更是不得而知了。林彪在关于"杨余傅事件"的一次讲话中说，这件事在毛泽东同志那里汇报了，开了4次会才决定下来。可见林彪是早有预谋的。

3 月 24 日，在人民大会堂召开了驻京机关部队 1 万多人参加的大会。林彪在会上讲："……杨成武同余立金勾结要篡夺空军的领导权，要打倒吴法宪。杨成武同傅崇碧勾结要打倒谢富治。杨成武的个人野心，还想排挤黄永胜以及与他的地位不相上下的人。"这些当然都是无稽之谈。林彪还造谣说傅崇碧同志带着几辆满载全副武装的汽车冲进"中央文革"驻地去抓人。他们还罗织罪名，说"杨余傅"为"二月逆流翻案"，是"二月逆流"的一次"新反扑"。

在大会前两天，杨成武、余立金、傅崇碧同志即被拘留监禁，以后遭受了残酷的折磨，杨成武同志一家先后被整死了 3 口人。

3 月 24 日的大会我没有参加，因为 3 月 8 日我的心脏病突然发作，而且是最严重的一次，搞了 60 多个小时才恢复正常。当时我住在西山，他们打了 3 次电话，让我去参加大会。我说，身体实在不行，只能请假。会议情况是叶剑英同志回来后告诉我的。会上，林彪一伙作了精心安排。李富春、李先念、陈毅、徐向前、叶剑英等同志都是政治局委员，但统统不准在主席台上就座，一律坐在台下。别的一些政治局委员和"中央文革"的成员却坐在台上。很显然，意思就是台下这些同志有问题，是属于可以冲击的对象。

尤其意味深长的是，林彪在讲话中特别提到"杨成武的错误主要是山头主义、宗派主义"，又说了一通晋察冀只是解放军的一部分，意思是说杨成武在搞"晋察冀山头主义"。林彪讲话以后，康生接着讲话说："我相信杨成武的背后还有后台的，还有黑后台的。"他们一唱一和，配合默契，就是要挖出晋察冀的"黑后台"。那我当然是首当其冲了。

在林彪、"四人帮"等一伙的煽动下，社会上掀起一股要把李富春、李先念、陈毅、徐向前、叶剑英这些老同志统统打倒的邪风。

林彪策划的这一套，已经使他制造"杨余傅事件"的真正目的昭然若揭了。第一，排斥异己、安插亲信，首先把军队的大权转移到他的亲信手里，为篡党夺权铺平道路。第二，借此打倒一批他们想要打倒但还没有被打倒的老同志，清除他们篡党篡军的障碍。

当我得知这些情况以后，感到问题是严重的。果然，从 4 月 1 日起，应该发给我的一些文件、电报停发了。这说明他们已经开始行动了。我对秘

书说："不管他，文件他们爱发不发。'杨余傅事件'究竟是怎么回事，我还弄不清楚，我也不知道谁是'黑后台'！"4月6日，我给叶群打电话问："你们说的'黑后台'究竟指的是谁？"叶群在电话里说："并没有点名嘛。"她没有说'黑后台'就是指我，但也没说我不是'黑后台'。当时社会上"炮轰聂荣臻"轰得很厉害。叶群的意思是，反正外面在轰，让人家轰嘛，轰倒谁就是谁。

4月7日，我给毛泽东同志写了一封信，说明自己对杨成武同志的看法和历史上同杨成武同志在一起工作的情况。信上我还要求同毛泽东同志面谈一次。4月10日，周恩来同志秘书打来电话，告诉我说，毛泽东同志在我写的信上批了16个字："荣臻同志，信已收到，安心养病，勿信谣言。"听了这个批语，我已经明白，林彪搞的这一套并不是毛泽东同志的意思。不久以后，毛泽东同志又当面对我说，如果讲杨成武的后台，第一个就是我，第二个才轮到你。

4月16日，我到林彪那里去了一趟，我问林彪："杨成武究竟有什么问题，为什么要把他打倒？"林彪支支吾吾，勉强地说："杨成武不到我这里来。"意思是不大听话了。我说："他不到你这里来，你是副主席嘛，打个电话他不就来了！"当时我感到非常可笑，这也竟然成为被打倒的理由，说明他们一手策划的"杨余傅事件"是根本站不住脚的。

1973年12月21日，毛泽东同志对参加军委会议的同志说，"杨余傅事件"弄错了，这是林彪搞的。1974年7月，毛泽东同志又亲自批准为杨成武、余立金、傅崇碧同志平反恢复名誉。此后不久，他们被释放出来，并先后恢复工作。1979年3月，中央又发出专门文件，为"杨余傅事件"公开平反。

联系到"杨余傅事件"，有必要提及的是，在"文化大革命"中，林彪、"四人帮"两个反革命集团，一次又一次地掀起反对和批判所谓"华北山头主义"的高潮，使许许多多的干部受到迫害和不公正的待遇。它的流毒很广，持续的时间也很长，尤其对党内团结的危害是不可低估的。从林彪开始整杨成武的所谓"晋察冀山头主义"到1971年初，江青在中央召开的华北会议上大整郑维山同志，说什么"华北山头主义有历史性"，"从聂荣臻、杨成武到郑维山、傅崇碧，一个班底接着一个班底"，"是坏人当道"。还诬蔑我"从 1937 年就搞山头主义",是"华北山头"的"黑后台"。"九一三"事件以前,"四人帮"说"华北山头"是反对林彪的,"九一三"之后,一夜之间,忽然又说"华北山头"是紧跟林彪的,北京军区是"林彪、陈伯达反党集团经营多年的山头主义窝子"。真是欲加之罪,何患无辞了!

当然,这些已经都是历史的陈迹,1979 年 12 月,党中央已经以中央文件的形式,专门发了《中共中央关于为所谓"华北山头主义"平反的通知》。问题澄清了,但是林彪、"四人帮"长期以来散布的流毒和影响是很难一下消失的。

林彪、"四人帮"两个反革命集团为什么要如此大张旗鼓地狠整所谓的"华北山头主义"呢?说来也很简单,就是因为北京军区的地理位置重要,是首都的所在地,他们阴谋篡党夺权,就首先要把北京军区的军权夺到手,才能够放心。

事实上,我自从不兼华北军区的职务以后,从来不过问军区的工作。至于在军区工作的一些老部下,有时候来看望我,这是有的,但我从不向他们交代军区工作应该如何如何做。"不在其位,不谋其政",我始终是这样做的。北京军区机关华北的干部(包括某些领导干部)多一些,这是历史形成的客观事实。我想,其他军区的干部状况也大体如此。问题不在于哪个地区的干部多少,而要看他们是不是真在搞山头主义、宗派主义。我相信,北京军区所有原华北地区的干部是能够识大体顾大局的。我希望,北京军区的所有干部,不论是原来的还是后来的,都不应该有宗派主义,要特别注意团结好;在党中央和军区党委的领导下,要搞五湖四海,把北京军区建设好;用实际行动来肃清林彪、"四人帮"长期散布的流毒,来回击林彪、"四人帮"一伙对所谓"华北山头主义"的诬蔑。

关于"二月逆流"的问题,党的十一届六中全会通过的《关于建国以来党的若干历史问题的决议》中已经作出了正确的结论。这是林彪、"四人帮"一伙在"文化大革命"中制造的又一起大冤案。

这一事件的主要标志就是所谓"两个大闹",一个是"大闹怀仁堂",一个是"大闹京西宾馆"。当然,这两个所谓"大闹",只不过是这场矛盾的爆发点而已,在这以前还有个酝酿过程。当时我们这些人对"文化大革

命"中的一些做法认为是错误的，如红卫兵搞大串联，把正常的社会秩序搞乱了；到处号召人们"造反"，工厂、农村的生产日益下降，甚至停顿；各级领导机关的工作都无法正常进行；尤其是林彪、"四人帮"对老干部一个一个都要打倒，这些老干部是与我们共同战斗过来的，互相了解，诬蔑他们是叛徒特务，我们是绝不能同意的。后来，林彪、"四人帮"又把"文化大革命"的火引向了军队，企图把军队也搞乱。对红卫兵小将，先是利用他们把水搅混，又反过来整他们，定为反革命，不少人被抓了起来。在他们的挑动下，全国各地武斗频繁，人民的生命财产损失严重。祖国处于危难之中。一切正直的共产党员面对这些问题，不可能不深思、焦虑，为国家民族的前途担忧。

1967 年 2 月初开始，为及时处理"文化大革命"中全国各方面出现的一些重大问题，中央决定，由周恩来同志主持，每两三天召开一次政治局常委碰头会，吸收各有关方面的负责人参加。在这个会上，老同志们与"文革派"成员之间的矛盾越来越尖锐，终于在 2 月 16 日发生了所谓"大闹怀仁堂"的激烈斗争。

怀仁堂碰头会的会场情况是很有意思的。周恩来同志主持会议，当然每次都坐在会议桌的头上。我们几个，陈毅、叶剑英、徐向前、李富春、李先念、谭震林、余秋里、谷牧同志和我等，经常很自然地坐在桌子的这一边。而陈伯达、康生、张春桥、姚文元、王力、关锋、戚本禹等所谓"文革派"成员也自然地凑到一起，坐在桌子的另一边。真可以说是"两军对垒，阵线分明"。

早在 2 月 16 日前几天的碰头会上，叶剑英同志对坐在对面的陈伯达等一伙说，你们把党搞乱了，把政府、工厂搞乱了，还嫌不够，还一定要把军队搞乱！这样搞，你们想干什么？徐向前同志也激动地说，军队是无产阶级专政的支柱，你们把军队搞乱，还要不要这个支柱？难道我们这些人都不行，要蒯大富这类人来指挥军队吗？李富春同志因为协助周总理抓生产等日常工作，经常找一些副总理研究情况，康生当面诬蔑他是"反党俱乐部主任"。富春同志说，我再不抓，对周总理的压力更大，你们既然这么讲，那就组织专案审查吧！我在会上也对他们说，你们把干部子弟和许多青少年说成是"联动"（即首都红卫兵联合行动委员会）成员，都是反动保守分子，进行打击迫害，纵容另一些不明真相的青年人批斗他们，有的还关押起来，这种"不教而诛"的做法是极其错误的！你们不能为了要打倒老子，就揪斗孩子，株连家属，残酷迫害老干部，搞落井下石，这就是不安好心！

2月16日下午，恩来同志再次在怀仁堂召集碰头会议，原定计划是讨论"抓革命促生产"的问题。当谭震林同志向张春桥、姚文元提出，要他们向上海有关群众组织打招呼，保陈丕显同志时，张春桥托词要同群众商量，当场拒绝。谭震林同志气愤地说，什么群众？老是群众群众，还有党的领导呢！不要党的领导，一天到晚老是群众自己解放自己，这是形而上学。你们的目的就是要整掉老干部，把老干部一个一个打光。蒯大富这些人是什么东西，就是反革命嘛，搞了个"百丑图"，这些家伙就是要把老干部统统打倒。这是党的历史上斗争最残酷的一次，超过任何一次。谭震林同志说完后表示，即使坐牢、开除党籍，也要斗争到底。当时他的确很激动、很坚决，在大是大非面前毫不含糊。陈毅同志接着说，这些家伙上台，就是搞"修正主义"，在延安，有些人表面上拥护主席，实际上反对主席。斯大林死后不久，赫鲁晓夫就篡了权，他上台，还不是大反斯大林吗？以后还要看，还会证明的。这些话很明显是影射林彪的，刺到了他们最痛的地方。余秋里同志也说，这样对老干部怎么行！计委的所谓造反派不给我道歉，我就不去检讨。李先念同志说，现在是全国范围内的大逼供信。"联动"怎么是反动组织呢？十七八岁的娃娃是反革命吗？从《红旗》十三期社论开始，那样大规模在群众中进行两条路线斗争，老干部统统打掉了。恩来同志当即责问康生，这篇社论你看了吗？这么大的事情，你为什么不叫我们看看。

碰头会以后，张春桥、姚文元、王力3人当天把老同志们的发言和会议情况整理了一个记录，上送告状。

两个月以后的4月份，在京西宾馆召开的军委常委会议上，因为再一次讲到军队一些高级干部被抄家，保险柜被砸开，许多机密绝密文件被抢走等等情况，大家非常气愤，有的同志拍了桌子。这就是所谓的"大闹京西宾馆"。

从那以后，我们这些老同志的日子就更不好过了。林彪、"四人帮"一

伙煽动和操纵各种群众组织，对老同志们每天都在打倒、炮轰、纠缠，使你无法进行正常工作，在当时的政治生活中不能发挥作用。这正是他们所希望的。

1968 年 10 月，在北京召开了八届十二中全会。

林彪、"四人帮"一伙看到有些老同志虽然靠边站，不管事了，但仍然打而不倒，轰而未垮，而且还有许多真正的共产党员和革命群众在保他们，很不甘心。更重要的是，尽管他们在毛泽东同志面前不断告状，竭尽造谣诬蔑之能事，而毛泽东同志就是不说这些老同志可以打倒。这样，林彪、"四人帮"一伙就认为老同志仍然是他们篡党夺权的重大障碍。所以，在党的八届十二中全会上，他们串通起来，有计划地对老同志们发动了总攻。

经过精心安排，老同志们被分别编在不同的小组，林彪的一伙，"四人帮"和陈伯达、康生等一齐出动，在各个组煽风点火，出点子定调子，对老同志们进行无情打击，残酷斗争，大搞逼供信。他们造谣诬蔑，无中生有，捏造出了许多所谓"事实"，硬是把我们往"反党集团"纲上拉。

我被编在陈伯达掌握的那个小组，组里成员大多是历史上同我共过事的老部下。他们这样安排，用心是非常恶毒的，一方面可以挑拨我和这些同志的关系，另一方面又可以增加简报的分量，这些老部下揭发的材料不是更可靠！实际上简报中他们塞进了许多私货，同志们在会上除了一般表态以外，没有揭发什么。此外，如果哪位同志不积极揭发批判我，还可以对他们记上一笔立场不坚定的账，真可以说是一箭三雕。别的老同志在会上的处境，也跟我大体差不多。

陈伯达在会上气急败坏地追问我，为什么背后议论他那段"糊里糊涂进去，又糊里糊涂出来"的历史，摆出了要报一箭之仇的架势。他心里有鬼，他的福建话别人又听不懂，咕咕哝哝，我根本没有理他。

林彪在八届十二中全会 10 月 26 日的全体会议上说，会议"对'二月逆流'进行了严肃地批判"。"二月逆流"是一次"严重的反党事件"，是"资本主义复辟的预演"。他说："在运动过程中，一条是毛主席的正确路线，一条是干扰这条路线的'左'和右的干扰，但最主要的还是来自右的方面的干扰，最典型的表现是'二月逆流'，'二月逆流'是党的八届十一中全会以来发生的最严重的反党事件，是'刘邓路线'的继续，它的矛头是指向毛主席、中央文革和其他坚持革命的同志的。它的目的是要否定‘文化大革命’的必要性和否定‘文化大革命’的成绩。是想替‘刘少奇、邓小平、陶铸’翻案，还要否定过去的延安整风，为王明翻案。它的手段是在‘党的领导’、‘保护老干部’、‘保护高干子女’、‘稳定军队’、‘抓生产’等漂亮的口号下，实现反党反革命路线的目的。”林彪接着就反咬一口说：“抓人风，揪高干风，冲军队机关风，提出连队也要搞‘四大’等等，都是‘二月逆流’的成员搞的。他们却倒打一耙，嫁祸于中央文革。”林彪还说：“主席原定在 1967 年的三四月份见眉目的这个打算，由于‘二月逆流’的出现，这个战略部署受到了严重干扰。”

林彪的这次讲话很长，上面这几段是它的核心。他的这次讲话实际上是反击所谓“二月逆流”的政治动员令，也为“二月逆流”定了性。以后大会小会批判所谓“二月逆流”时，都是按他的这个基调进行的。

但是毛泽东同志在 10 月 31 日闭幕会上的讲话，与林彪有很大的不同。毛泽东同志说，所谓“二月逆流”这件事，我不大了解。经过差不多半个月，就比较了解了（这是林彪、“四人帮”一伙欺骗蒙蔽毛泽东同志的结果）。这件事是一种很自然的现象。因为他们有意见要说嘛，几个人在一起，又都是政治局委员，又是副总理，有些是军委副主席，我看也是党内生活许可的。他们是公开出来讲的，不是“两个大闹”吗？一个大闹怀仁堂，一个大闹京西宾馆。他这个大闹就证明他是公开出来的嘛，没有什么秘密。有些细节，大家不晓得，我也不知道，最近简报上才看到那些情况，我看细节无须乎多过问，比如谁跟谁来往了多少次，还是大纲节目要紧。如果党内生活把人引导到注意那些很小的细枝末节，那就不好啰。

事情很明显，林彪是千方百计要打倒这些老同志。毛泽东同志因为受了蒙蔽，虽然也批评这些老同志，但他讲话的精神，是肯定老同志们的行动是“阳谋”不是“阴谋”，是内部矛盾。

八届十二中全会以后，在向下传达的时候，林彪、“四人帮”一伙编造了一套谎言，硬把我们说成是所谓的“反党集团”。除谭震林同志已经被他们整倒，说我们 6 个人分成两个摊子，一摊是李富春、李先念、陈毅，一摊是叶剑英、徐向前和我。还说李富春是牵头的，陈毅是联络员，两边跑，说我们这些人是有计划、有纲领地进行反党活动等等。

十二中全会开完不久，我就病倒了，得了肺炎，发高烧，住进了解放军总医院。有一天，叶剑英同志到医院来看我，他们不让见面。后来他打电话给张瑞华说："你转告聂老总，我相信我自己，也相信聂总，我们不是搞阴谋的人。"那时候刘伯承同志的眼睛还能看到一点，在医院见了我也说："老兄呀，这下你苦了，给弄到反党集团里面去了。"在困难的时候，听到老战友们的这些话，感到是很大的鼓励和安慰。

1968年底，周恩来同志看到了一份反映老同志思想动态的简报以后，批示："不要搞得过于紧张。"1969年1月3日，毛泽东同志在这份简报上又批示："所有与'二月逆流'有关的老同志及其家属都不要批判，要把关系搞好。"这说明毛泽东、周恩来同志对老同志们采取了保护措施。可是林彪一伙仍然阳奉阴违。1月5日晚上，林彪的死党黄永胜和吴法宪带着上述批示来给我传达，接着也传达了林彪的所谓批示："坚决拥护主席批示，派黄永胜、吴法宪两同志传达主席批示，希望（受批判的几位老同志）把身体搞好，注意不要引起新的障碍。"所谓"新的障碍"，这明摆着是一种警告。更有甚者，他们还规定对毛泽东、周恩来同志的上述批示，要严格保密，不准往外透露。

1971年11月14日，毛泽东同志接见参加成都地区座谈会的同志，当叶剑英同志走进会场的时候，毛泽东同志对大家说，你们再不要讲他"二月逆流"了，"二月逆流"是什么性质？是他们对付林彪、陈伯达、王（力）、关（锋）、戚（本禹）。那个王、关、戚，"五一六"，要打倒一切，包括总理、老帅。老帅们就有气嘛，发点牢骚。他们是在党的会议上，公开的大闹怀仁堂嘛！缺点是有的。他们吵了一下也是可以的。同我来讲就好了。那时候，我们也搞不清楚。王、关、戚还没有暴露出来。有些问题要好多年才搞清楚。

这样，也就等于中央为"二月逆流"平了反。从中也可以看出林彪的野心和为人的阴险。

所谓"第一个号令"，就是1969年10月18日，林彪背着党中央和毛泽东同志，借口"加强战备、防止敌人突然袭击"，擅自发布"紧急指示"，调动全军进入紧急战备状态。他的"号令"内容包括迅速抓紧布置反坦克武器的生产，立即组织精干的指挥班子，进入战时指挥位置，各级要加强首长值班，及时掌握情况，并迅速报告。10月10日，由黄永胜等人以"林副主席第一个号令"的名义迅速下达全军。10月19日林彪才用电话记录的形式向毛泽东同志报告，企图先斩后奏，以既成事实，迫使毛泽东同志同意。毛泽东同志听了，当即指示：烧掉。意思是根本没有这回事，把这个"号令"烧掉。

林彪和黄永胜慌了手脚，为了掩盖他们的罪行，竟造谣说，毛主席说很好，烧掉。他们还扣发和删改了某些军区关于执行这个"号令"的报告，对党中央和毛泽东同志进行封锁。实质上这是林彪图谋进行政变的一次预演，其目的是看看他这个"副统帅"的"号令"灵不灵。同时，因为军队的老同志们还在，这些老同志在长期的革命斗争中有自然形成的威信，有历史形成的所谓"山头"，许多老部下仍然支持拥护他们。所以，林彪想通过第一个"号令"，以战备疏散为名，把军队的老同志赶出北京，为实现他篡党夺权的阴谋扫除障碍。

接着，他们发出通知，要这些老同志疏散到外地，而且要马上离开北京。他们通知我疏散到郑州。我表示，既然是战备嘛，郑州那个地方是铁路枢纽，中原地区我也不熟悉，还是到河北省，晋察冀这些地方我熟，如果打仗，还可以起些作用。后来决定让我到了邯郸。

这次疏散，老同志们基本上是在京广线上。陈毅同志到了石家庄，徐向前同志到了开封，刘伯承同志到了汉口，叶剑英同志到了长沙，朱德和李富春同志到了广州从化。规定我们不能离开所在的城市，不让回北京，也不准同别的老同志接触，这实际上等于软禁。像朱德同志所在的从化，里面风景很好，但是以一座桥为界，不准他越过一步。1969年12月22日我到了邯郸。我在邯郸还好，住在一个招待所里，隔墙就是公园，我几乎每天到公园去散步。那个地方很多同志是我的老部下，对我客气得多。到了1970年2月份，我得了皮肤病，痒得不能睡觉，从北京搞了些药也不见效，只好报告周恩来同志。恩来同志很快同意我回北京进行治疗。当年五一节，毛泽东同志在天安门城楼上见到我，问我身体怎么样。当我告诉他病情以后，他说，你不要出去了，就在北京吧，北京好治病，出去干什么。通过这次治病，我一方面感到毛泽东、周恩来同志对待老同志的关怀，同时也发现林彪搞的这一套并不是毛泽东同志的意思。我回北京并没给林彪

和"四人帮"打招呼，是直接给恩来同志报告的。

林彪、江青一伙迫害老同志是极其残酷的。陈毅同志便血，要求回京治病，竟遭拒绝，耽误了他直肠癌的诊断治疗时间，后来也是恩来同志同意后才回北京的。徐海东同志有严重的肺病，时刻离不开氧气，竟被逼着去郑州，结果还没有到那里，人就不行了。刘少奇、陶铸等同志也都是在同期被赶出北京折磨而死的。

因此，林彪的所谓"第一个号令"，也可以说部分地达到了他的可耻目的。

林彪历来是十分重视军权的，他把军权称作是"权中之权"。"文化大革命"中，有一次林彪同黄永胜谈话，讲到军队的作用时，他说："要学习蒋介石，蒋介石把一国的军权抓住了，他就是把一个国家抓住了，这一点是值得学习的。"

所以林彪拼命地在军队中到处安插死党，培植亲信，妄图把军队变成他的御用工具。他在总参安插了黄永胜，在空军安插了吴法宪，在海军安插了李作鹏，在总后勤部安插了邱会作。这些死党唯林彪之命是从，干了许许多多的坏事，给军队造成了很大的损失。他们在群众中制造分裂的流毒，有些至今没有完全消除。

林彪最后变成一个资产阶级野心家和阴谋家绝不是偶然的，这是由于他长期坚持剥削阶级的极端个人主义的结果。随着地位的提高，他的这种思想不但没有得到克服和改造，反而越来越严重，在"文化大革命"中终于发展成为野心家，最后成了党和祖国的叛徒，以致自取灭亡。这完全是咎由自取，罪有应得。

（卞 文）

城下之盟
——聂荣臻和傅作义

傅作义，字宜生，早年毕业于保定军校。曾参加过著名的古城抗战和绥远抗战，此后曾任过第 12 战区司令长官兼绥远省、察哈尔省主席。解放战争期间在华北"剿总"司令任内，接受了中共提出的和平解放北平条件。新中国建立后，曾担任过中央人民政府委员，政协全国委员会副主席，第一、第二、第三届全国人大代表和水利部长、水电部长、国防委员会副主席等职。1949 年 1 月，他和聂荣臻以及罗荣桓、林彪具体签订了北平城下之盟，走上了北平和平解放的光辉道路。在这段曲折复杂的经历中，他与聂荣臻由交战对手，成了握手言和的朋友。

傅作义和聂荣臻关于和谈的接触和交往，始于 1948 年 11 月上旬。当时东北全境已经解放，在人民解放军强大进攻和政治压力下，傅作义就已安排他的大女儿、中共党员傅冬（傅冬菊）通过我地下党组织的关系，向我党中央表示愿意和平解决华北问题。

12 月 14 日，平津前线司令部接到十一纵队司令部的报告说，傅作义派了两名代表，携带电台和服务员、译电员，连同司机共 5 人，乘一辆吉普车出广安门，声称要去石家庄，找我党中央谈判。17 日，还是他们 5 人，又出西直门，说要找平津前线司令部谈判，被我扣留于纵队司令部。聂荣臻、林彪、罗荣桓当即电令派部队护送他们到平津前线司令部。

当天下午，傅作义的代表在八里庄与平津前线司令部代表苏静会面。傅方代表一个叫崔载之，是《平明日报》社社长兼总编辑；一个叫李炳泉，是这家报纸的采访部主任记者，说自己是中共党员（后经我华北城市工作部部长刘仁证实确为我党正式党员）。交谈中，崔载之一再表示他们是代表傅作义来谈判的，说傅对谈判很重视，是有诚意的："傅先生要求能够及时

了解谈判的情况，并保持谈判的绝对保密，不使'中统'、'军统'特务闻到风声，从中破坏。我们出城前，傅先生已指令他的联络处长李腾九装病，带着电台住进医院，暂时与外界隔绝，不见任何人。"他们的想法是：解放军停止一切攻击行动，双方通过谈判，和平解决平、津、张、塘问题；为搞到一部蒋介石的飞机，解放军让出对南苑机场的控制；放出被围在新保安的第三十五军，使他们回到北京城内，解放军人员可参与一起进城；傅先生通电全国，宣布和平解决华北问题；建议建立华北联合政府，傅先生参加华北联合政府，其军队由华北联合政府指挥等。

苏静在与崔、李二人接触中，还得知傅作义已经把妻子刘芸生送往重庆，而且得知李炳泉是联络处处长李腾九的堂弟，两人关系很密切。

苏静把了解到的这些情况向聂荣臻、林彪、罗荣桓等平津前线司令部领导人作了汇报。不久，傅作义致毛泽东主席电报。大意是：为使人民迅速得救，拟通电全国，停止战斗，促进全面和平，请求人民解放军稍向后撤，避免战斗，并恢复交通秩序。傅作义在电报中表示，他不再保留军队，但当前千万不要搞阵前缴械的方式使他为难，今后军队如何处理，由毛主席决定。这封电报当即转呈党中央和毛泽东主席。

这期间，由于我军向平绥线的新保安、怀来、康庄地区发动攻势，崔载之坐卧不安，连续发回几个电报，劝傅不要发通电，要考虑我方条件，否则谈不成。后来终于收到李腾九署名的回电说：傅要崔迅速回城汇报情况，并有"帮助成功者速成，不是依附成功者求自己发展"等话，但对放下武器仍然没有明确表示态度。随后，崔载之回城，留下李炳泉及电台与我联系。

12月22日，我军攻克新保安，全歼傅系第三十五军军部和两个师共1.9万余人。傅作义的按他自己设计的方案进行和平谈判的幻想破灭了，情绪很不好。根据我地下党的指示，担任天津《大公报》记者的傅冬回到北平，一方面尽父女之情，在生活上尽心照顾傅；另一方面也可及时反映情况。为进一步加快北平和平解放的进程，1949年元旦，毛泽东电示聂荣臻、林彪、罗荣桓派一个可靠的人通过傅亲近的人引见，当面向傅讲清楚我方的六条意见，即：一、我不同意他发通电。理由是：通电一发，他在国民党政府中就没有合法地位了，可能受到蒋系的压迫甚至被解决，同时我方也不能接受他这一做法。二、他一直追随蒋介石反共，因此不能不将他和阎锡山、白崇禧、胡宗南一同列为战犯。但这可以加强他在蒋系军队中的地位，可借机大做文章，而实际上同我和谈，里应外合，和平解放北平，这样，我们就有理由赦免他。三、允许他编一个军。四、他给毛主席的电报已收到，我们认为他的做法不切实际。五、谈判代表崔载之态度很好，今后欢迎再来，但希望派出有地位、能负责的代表同崔一起来谈。六、傅将军未去南京开会是对的，今后也不能再去，否则有被蒋扣留，当张学良第二的危险。这六条意见，由我地下党员李炳泉回城当面向傅转达了。

1月6日，傅作义派他的民事处长周北峰和燕京大学教授、民主同盟副主席张东荪为代表，按我方规定的接头办法和路线，秘密出城。他们经过东北野战军第二兵团司令部的时候，受到程子华司令员的热情接待，留住一夜，于第二天到了八里庄。

党中央关于通过谈判和平解放北平的决策，聂荣臻是完全拥护并认为是可以实现的。在傅作义赖以起家的第三十五军被歼后，如果再把天津攻下来，彻底打掉他逃跑的幻想，逼着他走上谈判的道路，和平解放北平的前景是存在的，而且时机也越来越成熟了。当聂荣臻向罗荣桓谈了这个想法，罗荣桓完全同意。但当时身为平津前线总前委、平津前线司令部主要负责人的林彪，却持不同看法。

一次，林彪、罗荣桓、聂荣臻同在作战室，研究完如何攻打天津的问题以后，聂荣臻谈了他对争取和平解放北平的想法，主张通过不断努力，把可能性变成现实。林彪听了后，脸上没有任何表情，说："你的想法很好，但这只是幻想，不可能实现。还是要靠打来解决问题。"聂荣臻进一步阐述了自己的看法，特别强调了保全北平这个文化古城的重要性，指出党中央已决定把北平作为未来新中国的首都，使它免遭战火毁坏，对于国家建设也有好处。林彪还是摇头，表示他有不同看法。但因为罗荣桓同聂荣臻意见一致，林彪也没有再说什么。随后，聂荣臻以个人名义单独向毛泽东主席发了电报，建议在打下天津后，争取和平解放北平。毛泽东及其他

中央领导人立即回电表示完全同意。林彪看了回电，没有再表示反对，但却把争取和平解放北平的许多工作，推给了聂荣臻、罗荣桓去处理，很少主动过问。

1月8日，聂荣臻乘车到八里庄，先单独会见了周北峰、张东荪。周北峰、张东荪说，傅作义先生派他们来，主要是谈以下几点：平、津、塘和绥远问题"一揽子"解决，平、津等地允许其他党派和报刊存在；政府中要有进步人士参加；军队不用投降方式，而用调到城外整编的方式解决。聂荣臻又问了些傅作义最近的情况，约定第二天正式会谈。

1月9日上午，林彪、罗荣桓、聂荣臻一起来到八里庄，同周、张开始了正式会谈，苏静也参加了，由华北军区作战处长唐永健作记录。林彪首先问周北峰、张东荪，傅作义先生有什么打算、要求和具体意见。周北峰转达了傅的几点意见，并说傅还提出：新保安、张家口作战中的被俘人员要一律释放，宽大处理，不作战俘看待，对军队的行政文职人员和工勤人员要妥善安排工作，给予生活出路，对傅部所属军政人员过去的罪行，不予追究，由傅负责。周北峰还说，他昨晚已给傅作义打了电话，告诉傅约定今天正式商谈，复电只有4个字："谈后即报。"

聂荣臻着重讲了形势和政策，指出傅作义将军除了放下武器，还能为人民做件好事外，别无出路，希望他们转告傅将军早下决心。

次日上午，双方继续会谈，主要谈军队的改编办法，军政机构如何接管以及人员安排等细节问题。

谈判记录经整理后，形成了一个《谈判纪要》，一式两份。聂荣臻和林彪、罗荣桓在纪要上签了字，傅作义的代表周北峰也签了字。张东荪表示，他是民盟成员，代表不了傅作义先生，而且不打算回北平城里去了，要去石家庄，就不签字了。

周北峰回到北平，给傅作义看了《谈判纪要》。纪要上有一段附记，限定所谈各项务必于1月14日午夜前答复。

但是傅作义仍旧没有下定决心，又拖了几天后，让周北峰发电报说，前次所谈都已研究了，只是限于14日答复，时间太仓促，不日周北峰将和副总司令兼晋陕绥边区司令邓宝珊再来商谈。我方复电同意。

1月14日上午10时，我军向天津守敌发起了总攻。14日下午，周北峰、邓宝珊和两名随员出德胜门，由我平津前线司令部派人迎接，骑马到清河镇，又换乘吉普车到达通县城西五里桥一家大院子门口，聂荣臻、罗荣桓、林彪等亲自将他们接进院里一座大房子内。

在周北峰的提议下，谈判立即开始。

聂荣臻说："周先生，我们上次谈得很清楚，14日午夜是答复的最后期限，现在只剩下几个小时了，况且，我们已经在上午向天津发起了总攻，这次谈判就不能包括天津了。你们有什么意见？"

由于我方规定的期限是就整个华北地区实行和平解决的谈判而言的，现在，我方也没有中断谈判，对此，傅方代表无言以对。

一阵沉默之后，邓宝珊对周北峰说："用你的名义发个电报，将这个情况报告总司令请示。"

周北峰给傅作义发了电报，傅作义复电说："我弟与邓先生相商，斟酌办理。"

15日，开始正式会谈。聂荣臻、林彪、罗荣桓代表平津前线司令部，邓宝珊、周北峰代表傅作义。会谈一直进行到深夜。

会议的主要内容是对傅作义驻北平部队的改编原则和具体办法，对傅的总部和部队中团级以上人员的安排以及北平市行政、企业、文教、卫生、邮电、银行、仓库、报社、学校等单位的接收办法。

16日，会议继续进行。由于15日下午人民解放军已全部解放天津，陈长捷被俘。双方的会谈更加认真和融洽了。

东北野战军解放天津之后，因为要处理一些重要事情，聂荣臻到天津去了一趟。那时候，黄克诚同志任市委书记，黄敬同志任市长。在天津停留了两三天，把一些重要事情处理完，又回到了平津战役指挥部。

1月16日，我军向傅作义发出最后通牒，并限期做出答复。

随后，傅作义将军的全权代表邓宝珊先生来了。这时平津战役指挥部，由蓟县移到了通县。

邓宝珊先生早就同我党有一些接触。傅作义将军知道这层关系，这次就派他来谈判了。

在第二次谈判当中，比上次谈得具体一些，对所规定的条件，商定了实施办法，作为初步协议，双方都在上面签了字。

邓宝珊先生临走的时候，交给他一封信，请他交给傅作义将军。并派东北野战军作战处长苏静同志，作为我方具体工作人员同他一起进城。

这封信的具体内容，是经过集体讨论决定，报党中央和毛泽东同志批准的。但是，由于中间人觉得措辞严厉，没有及时交给傅作义将军。

邓宝珊先生回去以后，很快有了回音。他们同意我方派代表进城谈判，研究和平接管北平的具体事宜。于是，我方派了东北野战军政治部副主任陶铸同志进城谈判。

1月20日，傅作义将军接受了我方提出的条件，令其所属的2个兵团部，8个军部、25个师，共20万多人，于1月22日起陆续出城，到达指定地点，接受我军改编。1月31日改编工作完成，我军先头部队随即进入北平，对国民党军政机关进行接管和维护社会秩序。

2月1日，刚过完旧历年，聂荣臻和罗荣桓以及林彪乘车进入北平，先到了北京饭店。我国的文化古都北平宣告解放了。

至此，持续64天的平津战役，在党中央和毛泽东同志的直接指挥下，以军事打击和政治争取并举赢得了最后胜利，歼灭与改编国民党军队共52万余人。

和平解放北平的办法，被称之为"北平方式"，后来又有了"绥远方式"，为争取尚未解放的地区提供了可资借鉴的范例。

傅作义在北平和平解放后，写信给聂荣臻和林彪、罗荣桓，表示他在解放战争中负有罪责，应受到人民的惩处，请求指定一个看守所，他要主动去报到。

2月5日，聂荣臻和林彪、罗荣桓邀请他去北京饭店面谈，并设宴款待了他。2月20日，毛泽东在西柏坡接见了傅作义、邓宝珊，对他们和平解决北平问题的贡献给予积极评价。毛泽东并同傅单独长谈。谈话前傅严肃拘谨，谈话后轻松自如，与前判若两人。

（下　吉）

我最可信赖的良师和益友

从聂荣臻同志由上海进入中央革命根据地，我第一次见到他，至今已经 61 年了，我一直在他的指挥和领导下战斗、工作。聂荣臻同志长我 15 岁，可谓忘年之交。

1931 年底，他刚到瑞金时，高高的个子，清癯白净的脸庞，身穿咖啡色皮夹克，英俊而文雅。不久，他来到一军团任政治委员。

当时，正值王明"左"倾路线在我党占统治地位，把"占领中心城市"作为中心任务。赣州战役失利后，一、五军团奉命沿赣江而下。途中，聂荣臻同志听取了毛泽东同志的意见，在向我们团以上干部作了耐心解释后，经中央革命军事委员会批准，一、五军团向闽西、闽南发展，遂取得漳州战役的胜利。当时，我们这个部队由于不懂闽南话，错抓了一些人，聂荣臻发现后，立即报告毛泽东，并召集会议，教育我们没有调查就没有发言权，更没有抓人权，要求我们赶快查清，把抓错的人放了。这使我们受到一次深刻的政策教育。

随后，我们参加了水口战役和黄陂仙人桥战斗、草台冈战斗。在黄陂仙人桥战斗中，团长不在，我感到指挥力量单薄。这时，聂政委来到我身旁，亲自指导我指挥作战。当敌人进入伏击地域时，我几次准备出击，他却不动声色地说：不忙，不忙。直到敌人全部钻进"口袋阵"，他才要我们发起冲锋，他也跟着冲下山去。

第四次反"围剿"胜利后，聂政委亲自给我们红四团颁发了一面"英勇冲锋"的锦旗，并说：希望你们再接再厉，冲锋不止。

红军开始长征后，在血战湘江，突破第四道封锁线时，我的腿负了重伤。聂政委交代师长陈光。一定要抬着杨成武走，不要寄养在老乡家里。

在首长的关怀和医生的精心照料下，我的伤很快就康复了。

1935年1月，为了保证遵义会议的顺利进行，聂政委指示红四团，一刻也不要在遵义城停留，迅速占领娄山关、桐梓、牛栏关、松坎等地，担任警戒任务。7天后，聂政委告诉我们，遵义会议结束了，你们胜利地完成了任务。

5月下旬，红四团在飞夺泸定桥的途中，聂政委指示说：你们要用最高速度的行军和坚决、机动的手段，完成这一光荣、伟大的任务。战斗一结束，聂政委和刘伯承参谋长就连夜赶到泸定城，要去看泸定桥。我提着马灯，陪同他们在铺了门板的铁索桥上走了一趟。当回到桥中间时，聂政委激动地说：我们胜利了！我们胜利了！并说：全国革命胜利后，要在这里建一座纪念碑，纪念我们的烈士，让子孙万代永远记住，是他们的英勇顽强和流血牺牲才有了革命的胜利。

9月中旬，我们夺取天险腊子口的时候，聂政委来到前沿，听取我们的汇报。他说：你们的决定是对的，正面路窄，敌人已组成严密的火力网，从侧面爬上去，迂回到敌人侧背，来他个突袭，定能奏效。他还建议把军团的迫击炮配属给我们，并说：炮弹不多，必须集中轰击隘口的炮楼和敌人兵力的集结点。接着鼓励我们：只要坚决这样做，天险腊子口就一定可以突破。

在吴起镇，我和王开湘团长都患了重伤寒，不久王团长去世了，我的病情也加重了。一天，我在昏迷中，聂政委带着医生来到我的炕前，紧紧拉着我的手说：成武，你的病会好的。我们还要一起去打击日本侵略军呢！泪水模糊了我的视线，我感到有一股暖流传遍全身。

抗日战争爆发后，我们又一起奔赴抗日前线。聂荣臻同志给我交代了平型关战斗打援的任务。战斗中，我们取得腰站打援的胜利。随后，又取得广灵、冯家沟等战斗的胜利。很快，就收到聂政委签发的电报：你团袭占涞源后，前日又将广灵、灵丘间交通完全截断，缴敌大批军需品及骡马，昨日又将广灵占领，给日军之打击与困难极大，予我军和友军以极大的兴奋，成为极好的模范，望继续发扬积极行动之精神，灵活机动之战略战术，以争取无上光荣的新胜利。寥寥数语，给了我们极大的鼓舞与鞭策。

1937 年 11 月,聂荣臻同志担任晋察冀军区司令员兼政治委员。1938 年秋反围攻作战中,为了保卫晋察冀边区党政军机关,聂司令员对我说:杨成武,给你一个任务,3 天以内不许一个鬼子进入阜平城!尔后,又分别打电话给一、三团,讲清这次作战的意义,交代各团的任务,鼓励他们奋勇歼敌。在聂司令员的精心部署下,我们完成了掩护党政军机关和阜平人民群众安全转移的任务。当日军进城时,他们找不到一粒米、一滴水,无法立足。这时,聂司令员又命令我们将城围住,在外面打援。几天之后,日军被迫弃城逃窜。

1939 年大龙华战斗前,我向聂司令员报告了我们的决心和战斗部署,聂司令员复电同意。战斗结束后,我派人将缴获的文件连夜送往军区,聂司令员在电话里告诉我:你们缴获的这批文件,比缴获敌人几百支枪、几十门炮的胜利还大。他们大量核心机密都被我们掌握了。我已经写了报告,随文件一起送往延安,供党中央参考。后来,聂司令员说,毛主席看到了这些文件,觉得它对研究敌人很有参考价值,中央制定的对敌作战的一些方针、原则,有的就是据此而定的。

10 月底,我到阜平参加组织工作会议时,接到情报,日军将分三路进攻一分区腹地。我立即向聂荣臻、彭真等同志汇报,要求打一仗。他们表示同意,当即聂司令员命令我:不要参加会议了,立即赶回去,组织这场战斗。还指示说,一定要抓住战机,全歼一路敌人。我不会离开电话机的,你要随时报告战斗进程。雁宿崖战斗胜利结束后,日军企图报复,我建议再打一仗。聂司令员在电话里详细询问情况后,批准了我们的作战方案,并强调指出:你们先以小部兵力在白石口一带迎击敌人,把他们引向银坊,让他们扑空。然后你们隐蔽起来,让敌人寻找你们决战。你们可在银坊东北面示以疑兵,诱敌东进,等他们进至黄土岭后,再利用有利地形集中兵力歼灭它。为了保证打好这一仗,他还与贺龙、关向应同志商量,把第一二〇师特务团给我们作预备队,同时还命令部队牵制可能增援的敌人。日军再次钻进"口袋阵",大部被歼,中将旅团长阿部规秀被击毙,震惊了中外。

1940 年,他指挥我们参加了百团大战。

1941 年秋，聂司令员一直活动在敌人"扫荡"的中心区域，指挥主力部队跳到外线打击敌人。在作战最紧张的时刻，他曾给我来电：南下不利，固守不易，情况如何？速告！速告！我复电说：一切都好，如需要，可再派一个团南下接应，请复示。此后，在军区机关距敌人 5 公里时，他沉着、果断地命令一支小分队，实施无线电佯动，迷惑敌人，亲率党政军机关跳出敌人的包围圈，使日军的"铁壁合围"彻底破产。

到抗日战争胜利时，曾被党中央誉为"抗日模范根据地"的晋察冀边区有了很大发展，晋察冀军区由约 3000 人发展到 32 万余人，民兵发展到 90 万余人，先后调往其他战略区 32 个团和 25 个架子团，为夺取抗日战争的胜利作出了重要贡献。

解放战争开始后，我又在聂司令员的直接指挥下，参加了大同集宁战役、清风店战役、石家庄战役，以及为配合辽沈战役而进军绥远，解放集宁、包头的牵制作战，平津战役和随后的太原战役，他驾驭战争的非凡才能和指挥艺术，给我留下极深刻的印象。

1946 年秋，当敌人进攻张家口时，为扭转当时的战场局面，聂司令员派我率 6 个旅，在地方武装配合下，开辟了平汉线战场。

1947 年，当正太战役进入第二阶段时，敌人企图调动我们，以 7 个师的兵力"扫荡"大清河北地区。这时，聂司令员不为敌所动，说，敌人的行动，早在预料之中。北面的地方部队正与敌人周旋，你们按原部署行动。聂司令员的这个决心，使敌人一筹莫展。此间，聂司令员一直在第一线指挥，牢牢地把握着战争的主动权。正太战役的胜利，正是他坚定不移的指挥的结果。

1948 年 8 月，我随聂司令员一起到平山县西柏坡毛主席的住处，接受了进军绥远，配合东北作战的任务。为解决入绥后的困难，毛主席让薄一波同志拨给我们 10 万现洋和一些布匹。这天夜里，我同聂司令员住在一间房子里，谈了许久，我深感任务重大，司令员和政委的职务最好不要由我一个人担任。于是向聂司令员建议，请晋绥分局书记、晋绥军区政委李井泉同志任政委。他马上表示同意，第二天上午，又和我一起请示周恩来同志，尔后报告毛泽东同志，得到批准。为配合东北我军作战，聂司令员在派大批部队和大批干军支援东北的同时，率部在冀、热、察、绥地区，对国民党军队进行了6个月的进攻战役，歼敌五六万余人，解放城镇40余座，多次调动敌人，使之无力增援东北，从而实现了中央军委和毛主席关于拖住傅作义部，不使其出关的战略意图，保障了辽沈战役的胜利，同时也为平津战役创造了条件。

平津战役中，我在蓟县平津前线司令部见到了聂司令员。他向我谈了敌情，分析了傅作义的情况和全国的形势，使我感到聂荣臻同志不仅是一位会领兵打仗、转战沙场的战将，也是运筹帷幄、决胜千里的统帅；不仅是卓越的军事家，也是一位伟大的政治家。

在抗美援朝、西藏平叛、中印边境自卫反击战、援越抗美中，我和聂荣臻同志的接触更加频繁，使我感到他具有非凡的气魄、胆略和远见卓识。在我军革命化、现代化、正规化建设中，在研制导弹、原子弹、氢弹等尖端武器中，他作出了不可磨灭的重大贡献。

在"文化大革命"中，聂帅被诬陷搞"二月逆流"，搞"华北山头"。他实事求是，坚持原则，同林彪、江青反革命集团进行了坚决斗争。当我遭到迫害时，聂帅打电话质问叶群：你们说的杨成武的"黑后台"究竟指的是谁？随后，又到林彪那里，问他：杨成武究竟有什么问题，为什么要把他打倒？聂帅还写信给毛主席，讲了他对我的看法。不久，毛泽东同志当面对聂帅说：如果讲杨成武的后台，第一个就是我，第二个才轮到你。在逆境中，聂帅总是想方设法保护知识分子和老干部。毛主席说，荣臻同志是个厚道人，敢于承担责任。

1987年，聂帅从繁忙的工作岗位上退下来后和病重期间，我经常去看望他。他对我党、我国、我军的建设仍然非常关心，对改革开放和祖国的统一大业念念不忘。

今年5月上旬，听说他的病情加重，我十分不安，多次询问病情。后来，当我听到他病情有所好转，感到宽慰，没想到很快噩耗就传来了。我的眼泪夺眶而出，立即招呼家人，驱车前往，我多想再看一眼我一生敬重的老首长啊！

聂荣臻同志的一生是光辉的一生，他用近一个世纪的言行矗立起一个

功炳青史、风范人间的形象，铸造起人民心底的丰碑。我永远不会忘记他身经百战的不朽功勋，不会忘记他呕心沥血的卓越贡献，不会忘记他对我的关怀、培养、勉励和批评，不会忘记这 61 年间他给予我的谆谆教诲！

（杨成武）

"聂荣臻不整人！"

聂司令，我来晚了！

这几年，每当迈进你那幽静的院子，我的心情总是矛盾的，想去看你，又不敢去看你——虽说都在北京，每年也难得见几次面。只要见了面，要说的话总是那么多，你容易激动，我也容易激动。每当这种时候，医护人员就要提醒，要来暗示，我们急忙打住。因此每次离开你那里以后，总有一种言犹未尽的感觉……

本来说好了的，"八一"节以前到你家去探望，听工作人员说你的身体不太好，我和先佛同志想等你好一点后就去，谁知等来的却是你的噩耗……

聂司令，还记得我们第一次见面时的情景吗？

那是陕甘宁大会师时，你是一军团的政委，我握着你的手，说："聂政委，你是我的老长官啊！"

你注视着我，好像在问：这话怎讲？

我说："南昌起义时，你是我们二十四师的党代表。我是七十一团二营八连指导员。"

"是吗？"你很是高兴，握着我的手用力抖了抖，问："起义的时候你们担负什么任务？"

我告诉你，我们二营打匡庐中学。

你对那次战斗记忆犹新，说起了许多同志的名字，还提到我们二营营长廖快虎。

这是我们第一次见面的谈话。在此之前,我就知道了不少关于你的情况——南昌起义后,我看到过上级通报,说是你来我们师当党代表。我们营长告诉我,你是个法国留学生。后来见到关向应同志,他说他和你一起在莫斯科留过学。他对我说,你是一个不多讲话而又很会想事情的人。

从1940年起,我在你的直接领导下工作,你是晋察冀中央局的书记、军区司令员,我做副司令员,在一起办公,一个锅吃饭。你是主要领导人,又长我们好几岁,你的确有长者之风。你不仅在根据地政策的制定和重大军事部署上体现了党在革命战争中的战略思想,在工作方法上给我们以教益,在为人处世、品德操行上也为人师表,就是在文明礼貌、卫生整洁方面也为我们做出了榜样。

我忘不了,你对待同志的宽厚态度。

在晋察冀整风的时候,有些同志的言论,对你造成很不好的影响,给你的工作和处境带来了一定的困难。但你豁达大度,以诚待人,团结他们一起工作。

后来毛泽东、刘少奇同志都和我讲过,你在这里的工作是好的。而你对那些同志,始终采取与人为善的态度。

所以,你在老同志们那里有这样一句看来很平常却又极难得的评价:聂荣臻不整人!

不整人不等于不批评人,你对错误的思想、错误的行为,也是毫不留情的。有时在会议上,有时在小的范围内,你会很严厉批评的,目的在于使被批评者真正接受教训,改正错误。

我在你的领导下工作,感触最深的还有一点,就是你的那种根据实际情况决定工作方针的实事求是的精神。你还记得吗?1946年的秋季,我们在中央军委的争取"三路四城"(平汉路、平绥路、同蒲路,大同、太原、石家庄、保定)的方针下保卫张家口,这时蒋介石已开始对解放区进行全面的战略进攻,在平绥路东西集中重兵,准备攻占张家口。张家口两面受敌。当时我们在集宁失利,大同又久攻不下的情况下,继续保卫张家口是很不利的。因此在决定大同撤围后,你立即召开中央局常委会,你把平绥

线的军事形势作了实事求是的分析。你肯定地说："我们不能在平绥线上打下去了，我们要向中央提出意见的。"与会的同志通过了你的意见，以中央局委的名义给中央写了报告。中央很快同意了我们的建议……

实践证明，你的意见和中央局的决定是正确的战略决策。这对我们以后的军事行动有重大意义。从此晋察冀军区的军事形势变主动了，连战皆捷，直到配合东北部队入关。取得了平津和晋绥的解放。

1945 年 4 月，我们得悉傅作义的四个摩托步兵师和骑兵师由保定偷袭石家庄，军区决定我去那里指挥，并说从北面调个纵队南下，参加保卫石家庄战役，但要 10 天的时间才能赶到。我立即赶到这个华北重镇，与当地的党政领导研究对策：一是制定军政后方机关尤其是物资的撤退方案；二是想方设法迷惑敌人。每日晚饭后，我们就故意到街上步行一圈，让老百姓传话，说军区和市政府没有撤。同时，每天出战报，说敌人到了什么地方，我们如何对付，既安定人心，也迷惑敌人。与此同时从保定南到正定沿线，发动民兵，埋设地雷，构筑工事，层层设防。再加上我们的电台广播，示敌我已有准备。在我们的迷魂阵面前，傅军前进缓慢。七八天后，阎锡山派来一个师在平定，被我南来的第六纵队全部歼灭，傅部到沙河就缩了回去。

1945 年冬，我正在石家庄附近的华北军大开会，忽然接到你的电话，至今我还记得你在电话里的四川口音。你说"老萧哇，有情况了，傅作义又要袭击石家庄，兵力和上次一样，你马上去那里，安排部署。"

我们分析了当时的形势，这次要比上次更对我有利，正太线已为我所有，西面无顾虑，保定、石家庄一线的民兵比以前更强，冀中就近调来的两个团部署在汾河、唐河，军大教导团在滹沱河，同时我们又采取了迷惑敌人的办法。结果，不到 10 天，傅作义再次退回去了。

事后，同志们都说：是聂司令指导我们把傅作义吓跑了。刘伯承同志说：是聂荣臻唱了一出空城计。

你听到后，只是笑笑说：不是我，是老萧他们搞的。然而我要说，是你的战略决策的威力。

中华人民共和国成立以后，你在总参当代总长。不久我从中南军区调回来，还是在你的直接领导下工作，后来我在训练总监部工作，也和你有不少接触。你对抗美援朝战争倾注了自己的心血。你一贯尊重知识，尊重人才。你为我军的国防现代化做出了不朽的贡献。

后来，我到国务院农垦部工作，与你没有直接的工作关系了，但还常往趋问。你还记得和我谈粮食问题，谈水土保持问题吗？你虽然身在军队，但你时刻关心着中国的农业，关心着老百姓的疾苦。60 年代初，你在一份报告上看到，海南岛水土流失严重，你对我说："你在农垦部，可要注意水土保持，不然子孙后代会骂我们的。你们开荒是好的，但一定要注意这个问题。"你还说："要注意粮食问题，没有粮食，军队不能打仗，老百姓也不会安定。"

"文化大革命"开始以后，你也和我们一样，受到了史无前例的冲击。那时候大街上的大标语是"万炮齐轰聂荣臻！"我们都很担心你的处境。就在这时候，我被造反派抓走了。

我记得很清楚，是 1967 年的 7 月 30 日的上午，我被他们弄到了农业大学的一间房子里，说是要开万人大会批判我。

我去了哪里，家里人不知道。先佛同志急得不知怎么办才好，在这种情况下，她想到了聂司令。

她到了你的家，写了一封求援的信，请你转交给周恩来总理。你当时的处境也很困难，但你还是很快把这封信转交给了周总理。

我在"群众专政"中，不知道这些情况，只是知道后来他们对我放松了管制，10 天后我就回家了。

每当提到这件事，先佛同志总要说：多亏了聂司令！

1972 年，我从江西的"五七干校"回到北京，给你那里打了个电话，说想去看望你，你叫我马上就去！

我很快就到了你的家里。你问我江西的情况，你问我的处境，你还问我的家人……我们不能不谈到"文化大革命"。对江青等人的行径表示了极大的义愤，你说："什么文攻武卫在共产党的领导下，还搞这一套，这不是号召全面内战！"

我们当时说啊说，好像要说的话总也说不完。出门时你叮嘱我，到外

面还是少说为佳……

后来，我到军政大学工作，我还是每年要去你那里。

每次去了，都会有一定的收益。

有一次，你谈到叶挺同志。你说南昌起义后，叶挺同志提过两个建议，汤坑失败后，叶挺同志提出，队伍向闽南发展的那块地方是三个省谁也不管的，敌人的力量比较薄弱，我们易站住脚。过去孙中山有两次都是被迫来这里经整顿补充才出去发展的。

你还谈到，广州起义第二天，叶挺同志就主张撤退。而当时有很大权力的那个德国人却十分蛮横地指责叶挺同志是土匪，说到这里，你慨叹道："当时没有听叶挺同志的意见，不好哇！"

还有一次，我们谈到了康生。我说："康生在延安发表一篇文章，说陈独秀每个月从日本人那里领取 300 块大洋。"

你好半天不说话，大约过了一分钟，你说："陈独秀是 300 块大洋能买得了的吗？"

正是你的这种实事求是态度，这种敢讲真话的精神，给我留下了极其深刻的印象。

……

聂司令，你走了，你光明磊落地走了，你心怀坦荡地走了，但你永远活在我们的心中！

聂司令，我们将永远怀念你！

（肖　克）

他引我步入革命行列

我最敬重的、德高望重的聂帅溘然与世长辞，使我非常震惊，当即让秘书询问详情，随后前往致悼并慰问张瑞华同志。

抗日战争爆发后，我率部脱离原东北军五十三军，留在敌后抗日。聂帅是我最先接触的老一辈无产阶级革命家，也是我步入革命军队行列的引路人。半个多世纪以来，在聂帅的谆谆教诲下，胜利经历了冀中平原艰苦卓绝的浴血战斗、解放战争以及社会主义革命和建设时期。聂帅的身教言传、音容笑貌，时时激励和鞭策我遵循党中央的正确路线前进。

1937年七七事变后，我六九一团遵照中共北方局"趁国民党军队南撤时，留在敌后找地方党，开展抗日游击战争"的指示，于10月10日进驻梅花镇，激战竟日，重创敌人，日军伤亡800余人。之后，我团开往晋县小樵镇，休整改编为人民自卫军，组成三个纵队，继续北上，于10月底在地方党配合下攻克高阳县城，全歼盘踞该城的冀东伪保安队尹松山部。消息传到路西后，聂司令员找到曾在东北军做过地下党工作的孙志远询问情况，孙估计是六九一团。经了解证实后，即派孙志远来人民自卫军工作。我和孙志远在抗日战场重逢，心情格外振奋。我们及时向聂司令员拍了电报，汇报冀中情况并请求带主力去路西受训，当即获准。于是我和孙志远就带着主力部队三个团、一个特务营，于12月12日出发开往路西。部队留在晋察冀三分区参观学习，我和孙志远到阜平会见聂司令员。我们和聂司令员同住一屋，同睡一条火炕，朝夕相处，随时交谈。聂司令员话语平和诚挚，亲切感人。在会议和研究工作之余，每当吃过晚饭，尤其是喝一点酒后更是无所不谈。谈及他在法国及白区工作中的趣闻逸事，更是情趣盎然，令人忍俊不禁，倍感亲热。我向聂司令员讲了我的经历，在东北军的情况以及和张学良将军的关系，特别谈到自己在旧军队中待久了，对革命军队很生疏，希望聂司令员多多指教。聂司令员深入浅出地反复讲开创平原根据地的重要性和深远意义，并手指地图对我和孙志远划定冀中根据地的范围，和我们一起研究了人民自卫军的整训工作，亲自审定冀中部队的整顿和训练计划。我和孙志远还参加了军区政工会议，听了聂司令员对冀中工作的指示。聂司令员的谈话、指示，使我开始懂得毛主席人民战争的思想，比较清楚地认识到建立冀中平原根据地的不利和有利条件，对我们鼓舞很大，同时更感到肩上的责任光荣重大。

百闻不如一见，路西整训的时间虽然不过一个月，我们却亲眼看到和

学习了一些红军的好传统、好作风，从而增强了创建冀中根据地的信心。此外，为了统一和加强冀中区党的领导，决定成立冀中区党委，聂司令员即派鲁贲和我们一起回冀中，负责筹备成立区党委。此期间我们曾向聂司令员要求派红军干部来冀中，他答应可以派一些，但主要靠我们自己就地培养。

我们去路西整训回来前后，冀中地方武装大发展，同时收编了不少杂色武装，到处需要政工干部。但不见路西派干部来，于是我和孙志远贸然打电报向聂司令员表示"抗议"。当1938年3月间，我们再次到路西参加边区党的代表大会见到聂司令员时，他温和而安详地批评我们："要干部就说要干部嘛，还提什么抗议！"我们自觉幼稚轻率，赧然一笑。

鉴于冀中蓬勃发展的形势，急需加强党的领导，经晋察冀分局决定，指派北岳区党委书黄敬到冀中任区党委书记，鲁贲任副书记。黄敬是位很有才华的知识分子干部，他到冀中即和党政军群各方面团结合作，很快打开了一个新的局面。4月21日，由黄敬主持召开了冀中区第一次党代表大会，成立了冀中区党委，军队统编为八路军三纵队，并建立冀中军区，加强了冀中区党的领导，使各项抗日工作顺利地开展起来。这一年，晋察冀军区先后指派领导干部王平、孙毅同志来冀中任军区政委、军区参谋长，对冀中军队的革命化建设起了很大作用。

由于"左"倾除奸路线的干扰，1938年4月间发生一起错案，株连大批干部，其中有原六九一团的党员骨干30多人，被押送到路西，经聂荣臻同志批示即送延安审查，不久，全部返回冀中前线担任重要工作，有的在作战中壮烈牺牲。聂荣臻同志胸怀宽阔，肝胆照人，一贯保护干部，对干部关怀备至。

1940年初，蒋介石命令朱怀冰、庞炳勋、石友三、高树勋等向我晋东南、冀南根据地进攻。晋察冀军区根据党中央和八路军总部的命令，派出部队参加讨伐朱怀冰、石友三的战役，由晋察冀一分区一团、四分区五团和冀中警备旅组成南下支队。聂荣臻同志带我随部队同往晋东南八路军总部，在黎城一二九师驻地见到朱德、彭德怀同志和刘伯承、邓小平同志以及北方局书记杨尚昆、总政治部主任陆定一等总部领导人。聂荣臻同志和我同住在总部院里，使我和更多的领导同志接触、熟识，帮我扩大眼界，提高思想水平。"润物细无声"，聂荣臻同志爱人以德，感人至深。

1943年1月间，"五一"反扫荡后我带部队从晋东南转战回到晋察冀阜平温塘，赶上参加边区参议会。我和冀中领导机关冲破敌军重重围剿、封锁，得以安全归来，旧地重逢，聂荣臻同志表示极为欣慰。

1943年8月间，中央来电调我带冀中军区6个主力团去延安。到晋察冀军区司令部驻地时，聂司令员告我他将同行去延安。8月底，我们到达晋绥军区司令部驻地兴县。当我们到达晋绥军区司令部时又接中央电令，要我即留晋绥任军区司令员，聂司令员一行继续前往延安。

1945年在延安"七大"期间，聂荣臻同志为晋察冀代表团负责人，选举中央委员会前他提名推荐我为候补中委候选人。我认为应该推选老同志，便婉言辞谢，聂荣臻同志还委托孙毅同志反复做工作，我终于被提名并当选为候补中央委员，聂荣臻同志对我着意培养、扶持，并寄予厚望。

1945年8月9日苏联出兵东北，8月14日晨我和孙志远从延安出发到兴县后即带两个团赶赴绥远，在凉城消灭傅作义暂编一〇一师一个团。又先后攻打左云、右玉等城，后接中央电报告要我带队到商都。在商都又接中央来电，令我先带一个团赶往沈阳。遂于10月中旬，带三十二团开往东北。先到张家口和聂司令员见面，汇报了在绥远作战以及傅作义部队的情况。为了赶时间，在张家口休息两天。聂司令员用当地缴获的极为丰盛的敌伪物资热情款待我们一行。还用当时仅有的一列平板火车专程送我们去东北。经过八年艰苦抗战，一旦乘上自己的火车，我和同行的全体指战员由衷振奋，皆大欢喜。到康庄下了火车，奔向古北口、热河，于10月20日顺利到达沈阳。

1951年抗美援朝期间，我担任军事运输司令，聂帅代理总参谋长，主管援朝物资供应。当时由于美军飞机狂轰滥炸，运输极端困难，彭总来电告急，前方战士"饥无食，寒无衣"，为此，聂帅每天召我去军委办公室指示和研究援朝物资的运输。

此后，聂帅担任国家党政军重要领导职务，我们虽然再无多少工作上的直接关系，但敬重思念之情一如既往。每逢节假日，我还是带领家人前

往看望。

聂帅多年来对科技事业和国防建设呕心沥血，作出了巨大成就。聂帅对工作极端负责，德高望重，深受全党全军和各族人民尊敬和爱戴。聂帅在晚年病中仍时刻关心党和国家大事，每当国家发生重大事件或关键时刻，聂帅总是发表重要见解，态度鲜明，一言九鼎，激励人心。聂帅突然逝世，确是我们党和国家的巨大损失，举国震惊，亿众痛悼。当此改革开放迅猛发展的时刻，我们定要化悲痛为力量，永远学习聂帅高风亮节光彩照人的品德，并秉承聂帅遗愿，为加速建设有中国特色的社会主义而拼搏！

（吕正操）

晋察冀的经验，是抗战中最有价值的指南

我第一次见到聂荣臻同志，是 1935 年 10 月。红军经过二万五千里长征，到达了陕北吴起镇。当时，聂帅任一军团政委。我是他下属四师十一团的政委。这天，他穿着一套朴素而整洁的灰布军装，双眼炯炯有神，含着和蔼的微笑，给人一种亲切的感觉。

1937 年七七事变后，党中央、毛主席为了适应新的斗争形势，作出了战略性的决策，将红军改编为八路军，主力部队奔赴抗日战争的前线。10 月下旬的一天，我正在阜平整编部队，忽然接到聂帅的电话，让我立即赶到山西五台。聂帅告诉我，中央已决定，以五台山为中心建立晋察冀军区，由他担任司令员兼政委，下设四个分区，任命我为三分区政委。

从那时起一直到全国解放初期，我一直在聂帅的领导下工作。在那难忘的年代，我和他同度过患难的岁月，共享过胜利的喜悦。他给了我许多教诲、帮助和鼓励。他那坚定的党性原则，宽阔的革命胸怀，高超的指挥才干，严谨的治军方略，崇高的道德情操，以及艰苦朴素的传统作风，始

终铭刻在我的记忆之中。

聂帅高瞻远瞩，胸怀大略，注重实际，讲求实效，能够创造性地执行党中央的路线。1938 年春天，晋察冀中央分局在山西五台县金刚库村，召开了第一次代表大会。这次会议，聂帅亲自主持，并做了《几个月来支持华北的抗战总结与我们今后的任务》的报告。总结了军区在洛川会议精神的指导下，发动群众，扩大武装，建立党和民主政权的成就；总结了以游击战配合正面作战，粉碎敌人围攻的经验；总结了广泛团结抗日民众，巩固加强统一战线的具体做法。针对晋察冀边区的形势，聂帅特别强调，要加强党对军队、政权和人民团体的领导，坚持持久战，扩大根据地，使游击部队的回旋区域增大，同时，大力发展新的游击队和游击小组，加强人民自卫队的组织和训练，以便广泛开展游击战和有利条件下的运动战。

这次会议极大地鼓舞了战斗在敌后的广大军民，思想豁然开阔，民情军心为之大振。我们回去之后，根据聂帅的指示一方面放手发展武装，扩大军队。仅我们三分区的部队就扩大到 1 万多人。另一方面，我们根据抗日民族统一战线的政策精神，在政治上实行民主改革，通过民主选举，建立了三三制的抗日民主政府，充分发挥各党派、各阶层的积极性，呈现出一派团结抗日的大好局面。我们三分区就曾经打下过新乐、定县、望都三城和清风店、方顺桥车站，并袭入满城和保定城关，毙伤敌伪军 370 多名，争取满城保定伪军 3000 余人反正，摧毁了汉奸维持会。大家熟悉的影片《平原游击队》和《野火春风斗古城》就是以这段斗争为背景，真实生动地描绘了一场动人的人民战争情景。众所周知的被日本侵略者誉为"名将之花"的阿部规秀中将，在黄土岭战斗中被击毙，就是聂帅按照毛泽东同志的游击战争的战略战术，亲自部署指挥的一个震惊中外的光辉战例。1938 年 10月，中央六中全会扩大会主席团充分肯定了晋察冀边区的工作，专门致电称赞："你们的经验将成为全党全国在抗战中最有价值的指南。"

聂帅治军严谨，在抗日初期我军还处于游击战争时期，就强调提高部队的军政素质。这种远见卓识，不仅对巩固和扩大敌后根据地起到积极的作用，而且对我军长远建设作出了卓越的贡献。晋察冀军区刚成立时，随着武装的不断扩大，各种新成分源源不断地补充到部队中来。自由散漫、

无组织、无纪律现象相当严重。当时，尽管战斗十分频繁，条件十分艰苦，环境十分恶劣，聂帅果断地作出了整军的决定。他在多次会议上反复强调，我们目前虽然打的是游击战争，但是，有游击习气的军队是打不好游击战的。一支军队，没有铁的纪律，就如同一盘散沙，打起仗来就会"放羊"，就会丧失战斗力，丧失军队的生命。在聂帅的直接领导下，我们各个分区按照毛泽东同志为红军制定的建军原则，逐项地进行整顿。首先，在连队中恢复了党的支部，配备了政工干部，重申了政治工作原则，加强了政治思想教育。接着，对部队的新成分进行了一次严格的审查，制定了严格的组织纪律，做到统一指挥，令行禁止。接着，又进行了军事科目的训练，依照战争中学习战争的原则，边打仗，边学习，边提高。不仅如此，整个晋察冀军区还恢复了统一制度，使司、政、供、卫各个部门的工作，逐步走向正轨。除此之外，我们还因陋就简建立了被服厂、兵工厂、修理厂。特别值得提到的是，在聂帅的关怀下，整个晋察冀建设了一套有线通讯线路，就是在敌人大扫荡的艰苦斗争时期，我们的电话也基本上能够保证畅通无阻。我们三分区驻地还搞了个发电机，那时候就用上了电灯了。当时部队的文化生活也搞得很活跃，经常利用战争间隙举行篮球比赛、军事表演，演出丰富多彩的新节目，大大鼓舞了军民士气，通过这一系列的整顿，使部队的军政素质有了明显的提高，经受了艰苦而漫长的战争考验。

大家熟知，中华人民共和国成立后，聂帅在繁忙的国务活动中，分管国防科研工作，从我国第一颗原子弹爆炸成功，到第一颗卫星遨游太空。都凝聚着他的胆略和心血。其实，尊重知识、尊重科学，关心和爱护知识分子，是聂帅的一贯思想。在这方面，凡是在他领导下战斗过、工作过的同志都会有深切的感受。在晋察冀军区工作期间，关于如何放手地培养、使用知识分子，聂帅就曾给了我不少有益的教诲和启示。抗战初期，随着部队的不断扩大，缺少干部成了大问题。那么，干部从哪里来呢？聂帅的指导思想非常明确，多次在会议上和个别谈话中强调，要大胆地从知识分子中选拔干部。七七事变以后，许多爱国知识分子和流亡学生，冒着生命的危险，从北平、上海等地，千里迢迢奔向延安，奔向各个抗日根据地。我们冀西分区，就曾经有不少流亡学生从敌占区投入革命的怀抱。事实证明，聂帅的指示完全正确，他们有知识，有文化，抗日热情很高，只要正确引导，敢于提拔使用，完全可以培养成为优秀的指挥员和政工干部。当时这批流亡学生大多数不是党员，我热情地找他们做工作，并介绍他们入党。还亲自给他们上课，讲红军、八路军政治工作的传统，并大胆地把他们放到部队里去，有的当指导员、教导员，有的当组织科长、政治处主任。事后一了解，他们干得还真不错。然而，对知识分子的看法并不是一朝一夕就能解决的。有一位叫吴其峰的知识分子，担任教导员后，第一次带兵打仗。敌人枪一响，子弹"嗖"的一声从他头顶飞过，当场吓得晕了过去。别人以为他负了伤，把他从火线上抬下来送进医院。这件事发生后，处理得好不好，不仅关系到一个人，而且关系到对整个知识分子看法的问题。有人说他是怕死鬼，临阵脱逃，要撤他的职。我认为，对一个初上战场、没有作战经验的年轻人，出现这种情况并不奇怪，不能求全责备。我们没有撤吴其峰的职。以后他表现不错，在一次战斗中，光荣地献出了宝贵的生命。这件事在那批流亡学生中引起了很大的震动，既教育了知识分子，也教育了工农干部。回想起聂司令员的教诲，更觉得格外亲切。

（王　平）

一个革命家的动人心愿

　　1958 年 9 月，在中共"八大"二次会议向全国人民提出技术革命的伟大历史任务的形势下，中华全国自然科学专门学会联合会和中华全国科学技术普及协会在北京联合召开全国代表大会，讨论决定将两个学术团体合并，成立中华人民共和国科学技术协会。这次大会同时也是中国科协的第一次全国代表大会。这是新中国成立以来组建我国科技队伍的又一重大步骤。当时任国务院副总理的聂荣臻同志代表党中央和国务院向大会表示热

烈的祝贺。我当时兼任全国科联秘书长。我们出席大会的全体代表在全国政协礼堂聆听了聂总给大会作的报告。大会开始之前，聂总来到休息室，会见大会的一些负责同志。聂总深情地对我们说，他在党和毛主席的领导下，前半生参加了组织和建立我国人民武装队伍的工作，为中国人民的解放事业做出了一份贡献，他愿在后半生致力于组织和建立我国科技队伍的工作，争取为我国人民建设现代化的社会主义强国做出新的贡献。聂总语重心长地说，希望大家能够同他一起，共同致力于我国科技队伍的建设工作。聂总的这些话，深深地感动了我。我当时想，党中央和国务院有像聂总这样的革命家负责领导全国科学技术工作，完全符合我们科技工作者的心意。后来，周扬同志高度赞扬聂总的这个心愿，说"这是一个革命家的动人的愿望"。确实，聂总不仅有这种动人的愿望，而且以他后来领导我国科技战线所取得的光辉业绩实现了这个愿望。

20 多年来，聂总为中国科学技术大学的建立、成长和发展所付出的大量心血，就是一个十分生动感人的事例。

1956 年初，根据我国社会主义建设发展的需要，我们制定了 12 年科学技术发展远景规划，在全国人民中掀起了"向科学进军"的热潮。为了实现 12 年科学技术规划，首要的任务就是尽快地培养出各方面的专门人才，特别是那些关系到发展我国国防建设和国民经济的空白、薄弱的学科，更是亟待培养出新的一代科技人才。为适应这种形势发展的需要，1958 年初，中国科学院的许多科学家和领导同志一致指出，要改变我国过去采用的办教育的方式，把教育同科学研究密切结合起来，利用科学院的科学家力量比较雄厚、各研究所实验设备条件较好的特长，创办一所新型的社会主义大学——中国科学技术大学。学校的系科设置，着重在空白、薄弱学科和新兴技术领域，并做到理工结合，克服理工分家的弊病。实行"全院办校，所系结合"的方针，对学生给予比较严格的科学基础知识和技术操作的训练，在三、四年级时，到有关的研究所参加实际工作，以便迅速掌握最新的科学技术，并加深对基础的理解。为此，张劲夫同志代表科学院党组于同年 5 月 9 日向聂总写了报告。聂总非常支持，于 5 月 21 日作了批示，并转呈中央书记处。聂总批示说："中国科学院拟办一大学，我认为是可行的。昨与恩来同志面谈后，他也很赞成。校址问题，我与彭真同志谈过，请北京市委予以调整。请中央同意批准以便立即着手筹备暑假招生。"邓小平同志于 6 月 2 日召集中央书记处开会，批准了科学院党组的报告。邓小平同志批示是："书记处会议批准这个报告，决定成立这个大学。校址另议。"紧接着，刘少奇、周恩来、陈云同志审核同意了书记处的决定。

当时，暑期在即。校舍，招生，教职员工，教学计划，后勤供应……一系列的问题都迫在眉睫，需要指日计时地去解决。聂总在负责领导全国科技工作的繁重任务下，对中国科技大学的筹建工作，一桩桩、一件件地去关心，去落实。科学院党组把筹建中国科技大学当作一件大事，张劲夫同志亲自抓，郭沫若同志兼任校长，并派郁文同志任校党委书记。

首先是校舍问题。当时科学院党组建议借用的校舍，本来是解放军某单位的，为了尽快解决，聂总亲自交代谷羽同志同这个单位商量。这个单位的领导同志了解到创办这所大学是党中央的决策，是发展我国科技事业的一项重要措施，立即答应支持，很快就把房子腾了出来，毫无保留地交给了科学院。

其次是招生问题。在聂总的关心下，科学院党组向中央宣传部写了报告，报请中央通知各省市主管部门从当年的考生中为中国科技大学优先录取一批政治表现好、学习成绩优秀的考生入学。各省市在接到中央的通知后，认真贯彻执行，很快为中国科技大学优先录取了 1600 名新生，其中党团员占 84%。这就为后来办好学校、培养高质量的科技人才创造了良好的条件。

再就是教工和教学问题。聂总高度赞赏科学院党组提出的"全院办校，所系结合"的办校方针。当他知道吴有训、华罗庚、钱学森、贝时璋等同志和我都要到学校去讲课时，非常高兴，说这是个好办法，并鼓励各研究所的科学家们尽量到学校去兼课，以便把最新的科技成就和科研前沿课题及时传授给学生。

学校正式开学之前，聂总亲自到校察看了教室、实验室、运动场和宿舍，与同学们亲切交谈。当看到这些来自全国各地的优秀青年学生个个精神饱满，艰苦朴素，许多同学穿着打补丁的衣服，不少人还光着脚板，有

些同学是从北京火车站用扁担挑着行李来到西郊玉泉路校址时，聂总满意地连连点头赞许，勉励同学们继承抗大的优良传统，创立艰苦朴素的好校风。

1958年9月20日，中国科技大学正式开学了。聂总在开学典礼大会上发表了热情洋溢的讲话。他为全校师生员工指明了前进的方向，要求"在教职学员中，大力加强马列主义的政治教育和思想教育，树立工人阶级的立场和观点，培养与锻炼坚强的革命意志和高度的集体主义精神"。他向同学们提出了奋斗目标，就是要立志成为"又红又专"、"既掌握坚实的科学基础理论，又能掌握技术操作方法的全面人才"。他号召全校师生团结奋斗，把学校办成新型的社会主义大学，并满怀激情地引用郭沫若校长所作校歌歌词，鼓励大家"迎接永恒的东风，把红旗高举起来，插上科学的高峰！"

可以毫不夸张地说，中国科技大学当年能够在如此急促的3个月内从无到有地筹建、成立，招生、开学，是与聂总的亲切关怀分不开的。

中国科技大学创建以后，20多年来，聂总一直关心着学校的成长和发展。

他曾与陈毅副总理一起到学校参观实验室，检查了解同学们的学习成绩。他勉励同学们要好好学习，争取思想上和学业上的更大进步。他谆谆告诫同学们不要因为进了科大就骄傲起来，应该扎扎实实，刻苦学习，努力钻研，掌握过硬的本领，将来为我国科学技术的发展做出自己的贡献。

1960年国民经济困难时期，聂总十分关心科大师生们的生活和健康，一再嘱咐学校领导和搞后勤的同志们，在可能条件下，尽量把伙食搞好，把生活安排得好一些，以保证教学任务的圆满完成。对于各研究所的兼职教师从中关村到学校上课的交通问题等，聂总也都亲自检查过问。

1963年7月14日，中国科技大学的校园里锣鼓喧天，彩旗飘扬，一片喜气洋洋的节日景观。陈总、聂总等中央领导同志来校出席中国科技大学首届毕业典礼大会。聂总高兴地向师生们祝贺，向5年来建校付出辛勤劳动的校领导、教授们、老师们和全体职工表示崇高的敬意。他说，5年培植，今日结果，可喜可贺。他希望同学们挑起新的具有历史意义的光荣艰巨的重担，就是要把我国尽快建设成为现代化的社会主义强国。他要求同学们在又红又专的道路上永不自满，永不停息，不断创新，不断前进。

陈毅副总理当年在繁重的外交活动中也抽出半天时间，在郭沫若校长、郁文书记的陪同下到学校专门给同学们做了重要报告。

后来，在第二届、第三届毕业典礼大会上，谭震林、罗瑞卿等中央领导同志也都来到学校，会见师生，到会讲话，合影留念。

在党中央和周总理、陈总、聂总等老一辈革命家的亲切关怀下，在科学院党组的直接领导下，经过全校师生员工的共同努力，中国科技大学为国家培养出了一批批高质量的科技人才。

然而，"文革"浩劫，教育遭殃。中国科技大学被迫外迁，辗转数地，最后来到安徽省合肥市。敬爱的聂总在他遭到林彪、江青反革命集团的诬陷攻击的情况下，仍然关心着中国科技大学的命运，关心着学校的师生员工。毛泽东思想的哺育，聂总和其他老一辈革命家的关怀，给了科大师生员工以无穷的力量，他们在十分险恶的形势下，与"四人帮"进行了针锋相对的斗争，他们克服重重困难，坚持原定的办学方针，特别是在粉碎"四人帮"以后，不断取得了教学和科研的新成绩，当然，要在安徽重新建校，其间的困难是可以想见的。在安徽省委万里、张劲夫、周子健等领导同志的亲切关怀下，在安徽省、合肥市有关部门的大力支持下，中国科技大学的各项建设工作取得了很大的进展。

1978 年 9 月，在科学的春天，中国科技大学迎来了 20 周年校庆，聂总不顾体弱有病，仍然坚持草书百余言，为科大校庆志贺，书法苍劲，语重心长，从中足可看出他对科大师生们的热望之心，聂总的贺信说："科技大学创办 20 年，成绩卓著，培养的大批科技人才已成为今日科技战线上骨干力量。"他希望科技大学"总结经验，再接再厉，为祖国四个现代化的建设，出更多更辉煌的科技成果，出更多更优秀的科技人才"。

聂总和其他老一辈革命家的亲切关怀和谆谆教诲，一直在激励着中国科技大学的师生们在社会主义建设的各个不同岗位上，在祖国的四面八方，在远隔重洋的异域他乡，忘我地工作，勇敢地进取，不断创造优异成绩，为学校争光，为祖国争光！

（严济慈）

殷切的期待

——聂荣臻和钱学森

1989 年 12 月 25 日聂帅 90 寿辰时，著名科学家钱学森给聂帅写了一封贺信，信中赞誉聂帅在领导国防科技工作时，是"把 40 年代后期中国人民解放军大兵团作战的成功的经验运用到现代大科学工作上来了。这一整套组织合理的制度和方法不仅是科学的，而且也是结合我国实际的，是社会主义的"。

聂帅开始主管国防科技工作时，国家的财力物力极其困难，工业技术水平落后，技术力量也极其薄弱，怎样才能实现国防科技发展规划提出的任务？聂帅在苦苦地思索。他找有关领导同志商量，征询科学家们的意见，在一番深入调查研究之后，提出了组建国防科技"主力兵团"的思想。

1956 年 5 月，聂帅向国务院、中央军委写了一份报告，建议组建导弹研究院，尽快开展导弹研究、制造和技术干部的培养工作。这一建议得到中央批准，同年 10 月 8 日，当时我国有一批高水平的科学家，如钱学森、任新民、屠守锷、蔡金涛、梁守槃、黄纬禄、庄逢甘、吴朔平、姚桐斌等。他们都被集中到导弹研究院，作为科研骨干力量，指导中青年科技人员开展工作。

初秋的北京，凉风习习，京郊车道沟一座小礼堂里，聚集着新中国航天事业的第一代精英。我国第一个航天研究机构——国防部第五研究院（航天工业部前身）在这里召开成立大会。身着笔挺元帅服的聂荣臻走上讲台，用浓重的四川口音一字一句地对着钱学森等科学家大声说："赶上世界先进水平，绝不是喊口号就能奏效的，得靠脚踏实地的科学态度，发展有中国特色的火箭技术。"

之后，在中央统一规划下，又陆续组建了核武器、航空、舰艇、常规兵器、空间技术等一批研究机构；组建了导弹试验基地、核试验基地和常规兵器试验基地，组建了一批国防科技工业高等院校。有了这批国防科技"主力兵团"，国防科技事业才在短时期内有了显著发展。

聂帅在回顾这项工作时深有感触地说："在当时我国大量的科学研究工作，尤其是像导弹、原子弹、现代高性能飞机和舰艇、复杂的电子设备等完全处于空白状态的情况下，在机构建设上我们采取集中力量，形成拳头的做法是正确的。实践证明，这样做，能够较快地摸清情况，开展工作，组织协作，攻破难关，取得研究成果。"

随着国防科学技术研究的任务越来越复杂、繁重，1958年，聂帅又向中央建议，成立国防科学技术委员会，统一领导武器装备的科研工作。中央很快批准了聂帅的建议，并任命他为第一任主任。

这一时期，席卷中国大地的"大跃进"龙卷风也刮进了五院。有的同志头脑发热，看了从国外引进的火箭样品就说："这玩意好办。我两个月就给你敲出来。"当然东西是"敲"得出来，但不能用。有的人竟提出："三年打到太平洋，五年放个小月亮。"聂帅决定听取钱学森等专家的意见。不久，在中央军委一间简朴的会议室里，聂帅邀请几位专家和研究院的领导在开"神仙会"。有位同志尖锐地批评中央批准的一些科研目标不符合实际。聂帅仔细地听着，频频点头，并叫秘书记下来。会后，聂帅专门备了一桌家乡风味的川菜，招待各路"神仙"，他幽默地说："你们的意见也够麻辣的，但能使人出汗、清醒。"

聂帅把情况向中央作了汇报，并毅然调整了部署，收缩战线，突出重点项目，还规定了一套严密的工作程序和科研制度。

由聂帅掌舵，中国航天事业的巨轮在曲折的航道和急流中稳稳地前进。

难忘的1960年。那时，神州大地连遭三年严重自然灾害，霸权主义领导集团背信弃义撕毁合同，撤走全部专家，尚在摇篮中的中国航天大业是继续往前干，还是"下马"？众说纷纭。

在一次由六级以上工程师参加的会议上，异常气愤的聂帅紧握拳头猛击一下桌子，对大家说："逼上梁山，自己干吧！靠别人是靠不住的，党中央寄希望于我们自己的专家。"

发愤图强，自力更生。聂帅给中国第一代航天工程技术人员提出了这样八个字的要求。

这年深秋的一天夜晚，聂帅在自己家里请钱学森、梁守槃等专家吃饭，桌上摆了六菜一汤！当时，中央领导同志都节衣缩食，这样的规格非比寻常，一切费用都是聂帅自己掏的。气氛是亲切的，但聂帅很少说话，不时地给大家夹菜，目光里饱含着深情和期望。火箭专家梁守槃回忆起这段往事，至今还感慨万端，他说："每当实验受挫，犹豫难决时，我就会想起聂帅那信任、鼓励的目光，这比话语还更能激人奋发！"

11月5日，在外国专家撤走后的第82天，中国人用自己双手制造的第一枚近程火箭呼啸腾空了。当晚的庆功酒席上，聂帅高擎酒杯向参试人员祝酒，雄壮浑厚的声音在大厅回荡："祖国的地平线上，第一次飞起了我国自己制造的火箭。这说明中国人有志气也有能力发展自己的航天事业！"聂帅亲昵地拍着专家们的肩背，和大家一起沉浸在无限的喜悦之中。

西出玉门关，长城逶迤，烽火台与古要塞残垣沉睡在大漠之中。1966年10月的一天，聂帅来到我国西部某发射基地亲自主持一种新型火箭的试验。巨大的发射塔架挺立在发射阵地中心，推进剂已注入高耸的弹体。在发射架下和控制室里，聂帅详细听取了专家们的汇报，严格检查了发射前的各项准备。

北风凛冽，寒彻肌骨。聂帅身披军大衣，与科研人员、解放军将士一起站在蓝天白云下面。新型火箭发射成功了！聂帅挥动手臂，和人们一起欢呼。这位开国老元勋的眼眶竟被喜悦的泪花湿润了。

站在聂帅身边的著名科学家钱学森看到这一切，耳旁仿佛响起聂帅不止一次强调的话："如果我们在尖端技术方面，把立足点主要放在外国援助或主要靠购买外国的产品上，那就不但不会这样快就取得成就，而且必然造成研制工作的依附性，会让别人牵着鼻子走。"

1965年，我国现代火箭技术取得突破性进展，发射人造卫星的基本条件趋于成熟。这时，钱学森给聂帅写了一份建议书，建议早日制定人造卫星研制计划，并列入国家计划，促其发展。聂帅在建议书上作了明确批示："我国导弹必须有步骤地向远程、洲际和人造卫星发展，这点我一直很明确。人造卫星早就有过考虑，但过去由于中程弹道式导弹还未搞出来，技术力量安排上有困难，所以一直未正式提出这个问题。钱学森的这个建议，请张爱萍副总长邀请钱学森、张劲夫等有关同志及部门座谈一下，只要力量有可能，就要积极去搞。"

经过充分论证，同年 4 月国防科委向中央打报告，设想在 1970 年或 1971 年发射我国第一颗人造地球卫星。这个报告中央很快作了批复，确定发展人造卫星工作，采取由简到繁，由易到难，从低级到高级，循序渐进，逐步发展的方针，并明确整个卫星工程由国防科委负责组织协调。这样，人造卫星进入了工程研制阶段。

可是，不久"文化大革命"开始了。卫星研制工作受到严重干扰。原先承担卫星本体研制工作抓总的中国科学院已经瘫痪，正在筹建的卫星地面测控系统也无法正常施工。告急文电纷纷送到周恩来总理和聂帅的办公室。为了使刚刚组建起来的空间科学技术队伍免遭摧残，保证第一颗人造卫星研制工作正常进行，总理跟聂帅商量后决定，组建卫星研究院；军事接管有关科研单位；卫星地面测控系统改由国防科委试验基地负责组建。正是由于采取了这些紧急措施，才使我国空间技术在"文化大革命"的风头浪尖上，仍然艰难地继续前行。

1970 年 4 月 24 日，我国第一颗人造卫星发射成功。下午 6 点，新华社受权发表公告："卫星运行轨道距地球最近点 439 公里，最远点 2384 公里，轨道平面和地球赤道平面的夹角 68.5 度，绕地球一周 114 分钟。卫星重 173 公斤，频率 20.009 兆赫。"

那时，由于林彪、"四人帮"的诬陷和攻击，聂帅受到了不公正对待。但他的心始终牵挂着国防科技事业。当他得知人造卫星发射成功的消息时，欣慰地笑了。

聂帅常说，他的后半生是伴随着我国科技事业的发展而紧张度过的，钱学森同志曾感慨地说，五六十年代我们在那样困难的情况下，所以能够突破尖端技术的难关，除了党中央、毛主席的英明决策，周总理的全局性的领导外，具体的组织指挥就是聂帅了。他说，聂帅当时是中央军委副主席、国务院副总理，非常便于统筹兼顾，全面调度全国全军的科技力量，

充分发挥科技人员的聪明才干，所以研制工作取得迅速的发展。

（卞 吉）

科技战线的后勤部长

——聂荣臻和武衡

　　曾担任过国防科工委重要领导职务的武衡，从 1956 年底起就在主持中国的科学技术工作的聂荣臻元帅领导下工作。在工作中，聂荣臻正确地贯彻党的科学技术方针政策和知识分子政策，他高瞻远瞩、平易近人、知人善任，团结广大科技工作者，充分发挥他们的作用，为社会主义建设服务。聂荣臻对我国的科学技术事业做出了卓越的贡献，赢得了广大科技人员的尊敬和爱戴，聂荣臻主持科技工作时，"12 年科学发展远景规划"业已编制完成，并经中央批准。与此同时，中央发出了"向科学进军"的伟大号召，全国科学技术工作者无不欢欣鼓舞、勤奋工作，希望能以自己的专长为实现科学发展规划，为建设伟大的社会主义祖国贡献力量，并缩小我国与世界科学技术水平的差距。但是，旧中国给我们遗留下来的基础太差了，仪器设备落后，图书资料短缺。新中国成立不久，国家可能提供的财力物力有限。如何在这样落后的情况下，迎头赶上，是摆在当时科学技术领导机关和广大科技工作者面前的比较困难而又必须解决的问题。

　　12 年规划的 57 项任务中，有一些是我国从未研究过的学科或新技术领域，不仅需要组织全国的力量才能开展工作，而且必须从无到有创造必要的工作条件。在这种情况下，聂荣臻于 1957 年 6 月在国务院科学规划委员会第四次扩大会议上提出："政府现在把科学研究工作条件问题作为一个重要问题，系统地同时也是逐步地加以解决。"不久，他又在一次有几百名科学技术专家和领导干部参加的会议上说："我是个老兵。科研工作好比打仗，后勤工作一定要跟上。我就是科技战线的一个后勤部长。"这给全国的科学技术工作者以极大的鼓舞，也给全国的科技部门的领导干部和后勤服务人员以莫大的激励，使大家深深认识到做好科研后勤工作是光荣而又艰巨的。我国科技战线的广大职工和科学技术工作者同心协力，为着一个共同的目标携手前进，对后来12年科学规划提前完成，起了很大的促进作用。

关心知识分子，从物质方面解决他们的实际困难，固然很重要；但更重要的，是为他们创造条件，发挥他们的专长，帮助他们为国家为人民做出贡献，使他们的科研成果为社会主义建设服务。这才是广大科技人员最大的希望。荣臻同志深深知道科学技术人员的这种愿望和要求，他是知识分子的知心领导人。

当时，国务院科学规划委员会听取了广大科学技术工作者呼声，决定成立图书、档案资料、仪器设备和化学试剂四个专业组。经过调查研究，由专业组分别提出了四个专门方案。在1957年9月6日的国务院全体会议上，根据聂荣臻的报告，通过了《全国图书协调方案》、《关于改进档案、资料工作的方案》、《关于改进科学仪器生产、修配和供应的方案》和《改进化学试剂工作方案》。这些方案的贯彻执行，极大地促进了我国科学技术工作条件的改善，使科学研究工作得到了较快的发展。

科学仪器，是科学研究工作的重要手段。科研机构所需要的科学仪器的特点是品种多，数量少，质量高，规格复杂，而且有时要得很急。当时，我国科学仪器的生产供应工作还很不适应这种要求，供需矛盾比较突出。仪器工业在半封建、半殖民地的旧中国几乎是空白。解放后短短几年内虽然有些发展，但与需要比较起来差得很远，数量少，质量低，一些比较精密的仪器不得不依靠进口。再加上仪器管理部门工作不熟练，计划手续繁杂，不能适时供应，影响科研工作的进展。为了解决计划供应的不足，适应科研工作的特点，聂荣臻亲自写信给李富春、李先念同志建议成立中国科学仪器公司。1962年，在原北京科学用品服务处的基础上，成立了中国科学器材公司。以后，又按当时的大区，分片成立了几个分公司，负责科学仪器计划外的供应、调剂、修配、服务等工作。结合当时仪器供应困难的实际情况，聂荣臻非常重视仪器的修配工作，他说："由于品种多，规格复杂，所需材料特殊，生产工厂一般是不大欢迎修配业务的，为此，必须

采取措施做出适当规定，来满足这一需要。例如谁家出产的仪器谁家负责修配，生产工厂应当留出一定力量接受修配任务，指定某些工厂或车间专门负责修理等。同时应当向工厂职工说明修配业务的重要性，不仅可以为国家节省大量的物资和外汇，帮助科学研究的发展，而且通过修配业务还可以提高仪器工业的技术水平。"中国科学器材公司经过逐步发展，绝大多数省、市、自治区和某些中心城市都成立了器材公司或服务处，形成了全国的仪器供应服务网。实践证明，这种做法是非常必要的，效果也是很好的。

在加强国内生产和修配的同时，为了解决科研工作中的急需，也进口一些仪器。当时我们国家还很穷，从国外进口仪器又受到各种阻碍，进口一台贵重仪器是不容易的。有的单位进口了，其他单位不知道，或不能利用，又要求另外购置。这不仅浪费了外汇，失去了时间，而且现有仪器也得不到充分利用。为解决这一问题，聂荣臻指示成立全国仪器管理组，由科委牵头，外贸部、一机部和国防科委等部门参加共同组成，负责全国科学仪器的进口和修配等规划协调工作。凡需进口的仪器，必须报仪器管理组审批，管理组交给有关工业部门审核，看国内能否生产，如国内能生产的，就不进口；国内不能生产的，提交外贸部考虑进口的可能途径，如可能进口，又确属需要的，然后再由国家科委批准。这样，仪器的进口工作得到了改善，既节省了外汇，又缓和了供需矛盾。

聂荣臻非常重视图书档案资料工作，他经常嘱咐武衡等要搞好图书资料的采购工作。要让科学家、研究人员打开眼界，看到世界上最新的东西，经过他们的消化，来为社会主义建设服务。当时图书馆的发展还没有全面的规划，各系统、各单位之间缺乏密切的联系和协作，藏书分散而又重复。他指出："我们打算在北京、上海根据现有的收藏条件，把几个较大的图书馆首先组织起来，形成全国中心图书馆，并且在几个大城市组织地区中心图书馆，为全国科技工作者服务，并负责指导和帮助其他图书馆的工作。"这样就把全国的主要图书馆组织起来了，馆藏也弄清楚了，出版了《全国新书通报》、《西文图书联合目录》和中、西文、日、俄期刊联合目录等，开展了馆际互借，更有效地为科学研究、教育和生产部门服务。同时还调剂余缺，从大城市调了几批重复的图书支援内地和边远地区。

国家为购买图书资料等提供了一笔经费和外汇。为了减少重复，避免盲目购买，把有限的钱花在刀刃上，全国和各地区的中心图书馆还负责审查各协作单位购买外国书刊的计划，为国家节省了不少外汇。60年代初，我国遇到暂时的经济困难，进口图书的外汇大幅度下降，加之当时的进口图书的体制也不适应科研工作发展的需要，进口图书问题亟待解决。在陈毅同志的倡议下，经国务院批准，1962年由国家科委筹建了中国外文书店，也就是现在的中国图书进出口总公司。聂荣臻对书店的工作和经营思想做了明确规定，他指出，在经营上"要树立为科技人员服务的思想，要降低书价，以不赔不赚为原则"。在引进国外图书资料方面，由于书刊中有时夹杂一些不健康的东西，工作人员有些顾虑。他说："不要轻易说这本不好，那本不好，不要自我封锁。买进来的书，也许有个别的是反动的，那就放在一边，内部研究，不要怕，不要因噎废食。不清楚的，可以先请教科学家，或者先买一本看看。要增加品种。"1962年广州会议后，荣臻同志向毛主席汇报工作时，专门提出进口图书的问题。毛主席指示要注意进口社会科学书刊，并指示增拨外汇。此后，在毛主席和周总理的关怀下，进口书刊的外汇逐年增加，1964年比1962年增加了一倍，科技图书资料的供应工作得到了改善。

1964年1月，北京科学会堂成立，中国外文书店在那里设立了一个国外新书销售服务部。开幕那天，聂荣臻、郭沫若等同志亲临参加。他们同工作人员亲切交谈，希望外文书店为科学家和技术人员送书上门，服务到家。这个服务部为中国科学院在京的一些研究所和北京大学、清华大学等院校的科技工作者提供了一个及时查阅最新书刊的场所。

科研资料的供应和技术档案的管理必须建立相应的制度和管理办法，特别是技术保密问题必须宽严适当，以免影响工作。聂荣臻指出："国家机密必须保守，过去的问题是保密范围缺乏明确规定"，"今后……凡是研究工作需要的一般资料，应当一律由有关部门供应。资料多的部门应有专职人员负责进行整理编目等工作，供给科学和教学工作者使用。"还要求建立技术档案管理办法。《关于改进档案资料工作的方案》实施几年后，由于形

势的变化和工作的开展，聂荣臻根据毛主席的指示，由国家科委向周恩来总理和聂荣臻、薄一波、罗瑞卿几位副总理汇报后，于1965年召开了一次科学技术交流与保密工作会议，制订了《关于科学技术交流与保密工作的若干意见》，经中央和国务院批准后，发布全国执行。

科学研究工作的另一个突出问题是化学试剂的供应问题。从新中国成立到1957年，化学试剂的生产和供应工作，虽然有了进步，但仍然不能满足工作的需要。科学研究工作对试剂的要求是：数量少，品种多，纯度高，标准化。1957年，需要的品种在9000种以上，其中常用试剂约1200—2000种。可是当时国内只能生产1000种，特别是一些特殊试剂，更显得短缺。荣臻同志指示化学试剂专业组把有关科研机构、高等学校和生产企业组织起来，共同进行研究、试制和扩大生产，取得了较快的发展。除上海、北京和天津的几个小厂扩大生产试制外，又在广州、西安、成都和沈阳建立了试剂厂，在上海和北京建立了特种试剂车间，还接受特殊试剂订货。经过几年的努力，到1966年，累计生产了6000多个品种，经常生产的达到了2000到3000种。聂荣臻对此感到非常高兴。他在一次会议上表扬化学试剂小组，并预祝从事化学试剂科研生产的广大职工和科技人员取得更大成绩。

经过几年的工作，科研工作条件有所改善，科技工作人员的劲头更足了，12年科学规划执行情况很好。为了更好地完成规划任务，解决还存在的问题，聂荣臻亲自主持，对12年科学规划执行情况进行全面检查，召集各有关部委、各专业组的负责同志开会，布置工作，听取汇报，广泛征求科学家的意见。根据对57项任务的逐项检查，特别是对几项紧急任务的检查表明，除长期的科学调查研究任务外（例如青藏高原的考察等），凡有明确目标的任务，都可以提前5年基本完成，实现我国科学技术工作的一次跃进，缩小与世界先进水平的差距。中央和国务院对于科技工作所取得的进步是满意的，因此在1962年才有可能召开全国科技工作会议（即广州会议）和制定随之而来的第二个科学技术长期规划。

也就是在这次广州会议上，科学家们强烈反映，科技出版工作薄弱，科研成果迟迟不能发表，国家花很多的人力物力所取得的科研成果出不了实验室，长期锁在保险柜里，在生产建设上不能利用，在学术上不能交流，是很大的浪费。科学家们说，他们对外国的科技成果还知道一些，而对国内其他单位的成果却知之甚少，这是很不利于我国科学技术的发展的。科学论著不能及时发表，不能取得国际上的及时承认，不仅挫伤了我国科学家的积极性，而且也有损我国的荣誉。聂荣臻急科学家之所急，立即从广州打电话对武衡说："出版的问题，要专门抓一下，使科学家的成果有地方发表。"

据此，1963年5月，国家科委会同文化部，在中央宣传部的指导下，召集各科技出版社、新华书店和邮电系统的77个单位开了科技出版会议。这次会议是一次规模比较大的全国性科技出版会议，受到许多科学家的关注。科学研究的基本任务是出成果，出人才，为国民经济和国防建设服务，而出版科技书刊则是两项基本任务的集中表现。出版工作搞好了，科研成果才能公诸社会，人才也就涌现出来了。

为开好科技出版工作会议，聂荣臻亲自参加筹备工作，并得到中宣部副部长周扬同志的热情支持。开会时中宣部副部长张子意同志到会讲了话。会议确定进一步提高刊物质量，增加中级科技读物和科普读物，组织出版专著，提高稿酬，使科技书刊的稿酬不低于社会科学及文学著作的稿酬水平。同时决定，划三家印刷厂交国家科委领导，改善出版印刷条件。会议还就著作家、编辑、出版社、书店和邮局的关系，进行了协调。会议开得很成功，使我国科技书刊的出版发行工作进入了一个繁荣的新时期。

科技成果推广工作，过去一直是由国家经委负责的。聂荣臻多次指示武衡等要及时向国家经委反映情况，使科研成果迅速推广应用到生产中去。为加强科技成果的推广，他还决定由国家科委派出一名副主任兼任国家经委的技术推广局局长。

聂荣臻主持我国科技工作的10多年是我国许多科技工作者经常留恋的10多年，难以忘怀的10多年。

（卞　文）

"要等到原子弹试验成功以后，再谈工作调整问题"

——聂荣臻和钱三强

在中国共产党第十二次全国代表大会期间，科学界、教育界、文化界的代表在会上畅谈了中共第十一届三中全会以来各条战线蓬勃向上的形势，又都不约而同地回顾起十年动乱前，中国科学、文化、教育事业全面发展的"黄金时代"，回想起聂荣臻元帅主持科学技术工作期间，其卓越的领导艺术和指挥才能以及组织广大科技工作者同心同德，团结奋战，克服困难，使中国科技事业不断走向繁荣和发展的情况。钱三强这位世界著名的科学家就是在聂荣臻领导下，耳听目睹并在多方面受到聂荣臻关心帮助的一员。

从"废铜烂铁"起家

1955 年 1 月，中央决定开展原子能的工作。第二年，聂总就受命担当起主持全国科技工作的重任。当时，我国原子能的科技力量底子很薄，只有两支不大的队伍，一支是地质部的铀矿资源勘探队伍，另一支是中国科学院近代物理研究所的原子核科学和技术队伍。显然，仅仅凭这点力量要承担起发展原子能的重任是困难的。为了集中力量加速原子能事业的发展，国家新成立了第二机械工业部，并且由宋任穷同志担任二机部部长。同时任命钱三强担任二机部副部长。由钱三强担任所长的中国科学院近代物理研究所也改由二机部和科学院双重（以二机部为主）领导，并改名为中国科学院原子能研究所。

正当工作开始进展的时候，赫鲁晓夫领导集团背信弃义，片面撕毁协定，全部撤走专家，连一张图纸也不给留下，想把新中国的尖端科学技术扼杀在摇篮里。他们临撤走时还狠狠地冲着我们说：看你们去收拾这堆废铜烂铁吧。面对突如其来的困境，毛泽东、周恩来、聂荣臻向钱三强等科学家提出了一个振奋人心的口号——自力更生。聂荣臻还鼓励大家要为新中国挣口气，一定要想办法把自己的原子弹搞出来。从此，不管是搞实验的，搞工程的，还是搞理论的；无论是科学院、高等学校，还是其他有关工业和医药卫生部门，大家都同心协力，服从需要，分配到哪里去就到哪里去，叫干什么就干什么；还有那些从事组织管理和器材、后勤工作的同志，也都扭成一股劲，为自力更生发展我国的原子能事业，勇挑重担，埋头苦干。

当时，二机部的科学基础还不够宽广，干部、科学技术、设备都难以在短时间内补齐配套。在这种情况下，正是聂总经过考虑，决定调动在国内科学门类比较齐全的中国科学院的力量，来共同完成任务。郭沫若院长和张劲夫副院长等，也是很有风格，一切急国家之所急，不管人和物，只要能用得上的就全力支持。最后，科学院硬是调动了全院的约一半以上人力，投入到原子能和航天技术有关的项目（约各占一半），进行科学技术攻关。即便在当时任务紧迫的情况底下，聂总的眼光不只看到眼前任务的急需，而且还注意到加强科学储备的重要性。他运用"任务带学科"的说法，来表述当时的这种认识，兼顾两方面的发展。实践证明，在完成任务的过程中，一些新的学科逐渐建立起来了，科技队伍成长壮大了。从1960年到1966年间，科学院在计算机、高压物理、稀土元素、分析化学、氟化学、离子交换树脂、萃取剂、金属材料、光学仪器和放射生物等方面做了许多扎实工作，为原子能事业作出贡献。组织科技攻关这种方式，正是聂总领导科技工作的一种新创造，是他运用"集中兵力打歼灭战"的思想于科学技术工作的成功经验。他根据这种思想提出的原子能攻关方案，首先得到了周总理的支持，并且报告了毛主席，毛主席亲笔批示：大力协同办好这件事。

聂总抓完制订计划，紧接着就是狠抓计划的落实。仅中国科学院方面，在聂总的亲自过问下，很快就从组织领导到科研项目，从力量配备到仪器设备，都一一得到落实。院部成立了新技术局，由谷羽同志任局长，负责

协调和保证物资供应工作；院党组还分工，由裴丽生副院长、秦力生副秘书长分头出差全国各地，深入到有关研究所、研究室，以至研究组，同科技人员一起落实任务，检查工作。钱三强当时兼任科学院副秘书长，遇到工作中的重要难题时，经常请示科学技术的"总后勤部长"聂荣臻。每当此时，聂荣臻最善于理解科研人员的要求与苦衷，最能了解科技工作的特点，因此，他对于钱三强等科学家反映的困难，总是千方百计地予以解决，有时甚至亲自出马解决落实。

就这样，经过一两年的扎扎实实工作，大部分一般性的科技课题基本上都攻下来了。但是也有一部分难题，进展比较困难。比如，有一个关键性的元件，当时只有美、苏、法三国独立解决了，但都列为关系国家安全的核心机密严加封锁。钱三强等科技工作者为此进行了艰苦的探索，但困难依然很大。聂荣臻得知情况后，曾不止一次地过问该项科研工作，亲自同有关负责同志打招呼，要尽一切力量帮助解决困难，保证工作条件。经过科学院上海冶金研究所、沈阳金属研究所、原子能研究所和冶金部的有关研究院的共同努力，该元件终于在 1964 年通过技术鉴定，并且很快投入了生产，为我国独立自主发展原子能奠定了重要基础。

四年后拿出原子弹

1960 年的一天，聂荣臻亲自召集国防科委和钱三强等二机部领导人开会，要着手抓靶场的准备工作，靶场如何布置，要测试哪些数据，需要什么仪器设备，还有安全防护，等等，都要一一进行研究落实。在许多准备工作中，当时最关键的一个问题，是要有几个又红又专的科技干部来筹划和组织各项工作。经过讨论，聂总最后果断地提出：我们一定要争取在国庆 15 周年前后爆炸我国第一颗原子弹，至于人员选定，由钱三强同志负责点将，点到哪个单位的人，哪个单位都不能打折扣。对于这样的决策，钱三强深感责任重大，会后，他立即根据这一要求，着手从德、才、组织能力和健康状况等方面来挑选人才，经过多方商量和考察，不久便向国防科委提交了 6 位干部名单，并分别说明了推荐的理由。名单决定后，他们都先来到原子能研究所进行一段时间熟悉情况，尔后，原子能所又不断给予技术、仪器等方面的培训与支持。经过 20 多年的实际考验，这几位年轻干部不仅出色地完成了任务，而且现在都已经成长为国防科技战线经验丰富、又红又专的重要骨干了。

1960 年，是国防科研进入关键的时刻，同时也是国家遭受经济困难的时刻。正在这时，又是聂荣臻想到了科技工作人员，是他鼓舞了大家的信心。钱三强记得很清楚，聂荣臻不止一次地对大家说：你们只管放手工作，我来做你们的后勤部长。为了保证计划完成，聂总一方面从政治上、思想上关心科技工作者，鼓励大家正视困难，战胜困难；另一方面他亲自想方设法采取一系列措施提供后勤保证。他向海军求援，调来了鱼；从新疆、北京、广州军区等给调来了肉类，后来又陆续调来了黄豆、食油，等等。在这方面王震上将也给予了国防科技界以极大的支援。

1962 年的广州会议，对于钱三强来说是终生难忘的。聂荣臻主持了这次大会。周恩来、陈毅的讲话贴切人心，感人肺腑。

听了这些讲话，所有参加会议的同志无不从心里感到温暖，感到高兴。会议结束那天，陶铸同志代表中南局和广东省为代表举行盛大招待会，科技界、教育界、文艺界的代表欢聚一堂，激情满怀。在招待会上，聂荣臻让钱三强发言。当时钱三强还不满 50 岁，与在座的科技前辈相比尚属中青年。为什么聂荣臻点名要让钱三强讲话呢？原来自从赫鲁晓夫领导集团撤走专家、撕毁协定后，各界都很关心我国原子能工作的状况，我们依靠自己的力量能不能搞得成。这种关心，在广州会议期间也同样反映出来。因此，聂荣臻决定钱三强发言，这样既代表了中青年科学家，又可以讲一讲大家关心的原子能工作，以便鼓一鼓劲。当钱三强开讲后，聂荣臻在一旁还特意鼓励说："放开了讲。"在聂荣臻的鼓励下，钱三强首先介绍在中共中央直接关怀和领导下，全国大力协同开展原子能科技攻关的情况。最后，钱三强鼓起勇气说：在全国各工业部门、中国科学院和其他有关单位的协作下，我国一定能够通过自己的努力，在预定的时间内把原子弹搞出来。钱三强当时讲的预定时间，就是聂荣臻在 1960 年提出的：国庆 15 周年前后。当这句话刚一讲出来，引发了全场暴雨般的掌声。

钱三强不能走

聂荣臻十分重视落实知识分子政策，他甚至连具体工作安排都一一过问到。1963年夏，当原子能工作大体安排就绪后，钱三强准备离开工业部门回科学院工作，于是向聂荣臻提出了这个要求。聂荣臻表示这个问题不能同意，他说，要等到原子弹试验成功以后，再谈工作调整问题。钱三强愉快地服从了聂荣臻的安排。

1965年夏钱三强再次向聂荣臻提出了回科学院工作的要求，聂荣臻最后决定让钱三强抽出一半时间参加科学院工作，但仍应花出另一半精力兼顾二机部科研和领导工作。由此，足以看出聂荣臻对于钱三强这位核物理学家的高度信任。

（卞 吉）

在国家科委任内

——聂荣臻和张有萱

第一个五年计划期间，随着社会主义建设的深入开展，我国科学技术落后不能适应经济建设需要的矛盾，日益暴露出来。向科学进军，迅速提高我国的科学技术水平，是摆在面前的一个重要战略任务。为此，党中央决定成立国务院科学规划委员会，后同国家技术委员会合并为国家科学技术委员会，统管全国的科学技术工作。国家科委主任这一重任，就落在当时担任国务院副总理的聂荣臻肩上。张有萱时任国家科委副主任，在聂荣臻直接领导下，工作了将近10年。在这一时期里，张有萱经常聆听聂荣臻的指示，亲身感受到了聂荣臻卓越的领导才干和对广大科技人员的关心爱护。

一

1956 年毛主席在最高国务会议上指出："我国人民应该有一个远大的规划，要在几十年内，努力改变我国在经济上和科学文化上的落后状况，迅速达到世界上的先进水平。"制订我国科技发展的长远规划，是迅速提高我国科学技术的重要一环。这一工作，是在周恩来直接领导下，开始由陈毅负责，不久就由聂荣臻接替陈毅具体负责的。首先，集中了一大批科学技术专家，制订了 1956 年—1967 年 12 年科学技术发展规划，对工业、农业、国防和其他科学技术领域，进行了全面的规划和安排，使我国科学技术的发展有了正确的方向，明确了近期和长远的目标，以及具体的、实际的步骤。在制订 12 年科学技术发展规划过程中，聂荣臻坚持实事求是的原则，明确我国科学技术的发展方向一定要适合我国的具体情况，并从我国当时的实际出发，研究了各行各业的技术政策，纳入规划，制订这样一个全面的长远的科技发展规划，应该注意什么？聂荣臻反复强调，要突出重点，有了重点，才能带动全面。12 年规划突出了 57 项重点项目。一个重点项目，往往需要多种学科的配合和多方面的技术辅助，所以重点项目的完成，又起到了"带学科"和"促技术"的良好作用，实践证明，全面规划，突出重点，带动全面，这种重点与一般相结合的科技规划是正确的，符合实际和科技发展规律的，它促进了我国科学技术的发展。

到 1962 年 12 年科学技术发展规划大部分项目已提前实现，为发展我国科学技术奠定了坚实的基础。接着，1962 年在广州召开全国科学规划会议，制订了 1963 年到 1972 年 10 年科学技术发展规划。1963 年 12 月 16 日，聂荣臻率领张有萱等几位国家科委副主任，专门向毛泽东汇报工作。他亲自清楚扼要地讲述了 10 年规划的内容。毛泽东听后，表示满意，并批准了这一规划。

二

有了规划，重要问题就是要有组织地采取各种措施，加以实现。聂荣臻当时还兼任国防科委主任，为了保证科学规划的实现，领导国家科委和国防科委做了大量具体组织工作，表现了高超的领导艺术。

俗话说："人无头不走，鸟无头不飞。"方针规划确定了，关键问题是要抓领导干部。聂荣臻主持国家科委工作期间，各个部门、专业，都成立了科技领导小组，成员由部门领导和科学技术的专家组成，组长一般由该行业主管科技工作的部长、副部长担任。聂荣臻经常听取专业组的汇报，检查和督促工作。他要求领导干部要熟悉科技业务，要当内行，不能老是当门外汉。对工作中的薄弱环节，他总是及时地指出来，给张有萱等出主意，具体地指导张有萱等制定改进的办法。

科学规划的实现，关键在于重点项目的完成。一个重大科技项目，往往有好多研究课题，涉及多种学科。要攻克这样的科研项目，必须调动各方面科研力量，协同配合，才有可能完成。这就是我国科研战线上创造的共同攻关的方法。聂荣臻对这个体现群众路线的方法，给予充分肯定，并亲自组织领导了一些攻关项目。特别是在组织新型材料（金属、非金属的）和精密仪器仪表的科研攻关中，聂荣臻花费了大量心血，付出了辛勤劳动。为了组织攻关力量，有时在病中他还关心和过问这方面的工作进展情况。1965年4月间，聂荣臻在广东从化养病，就把当时中国科学院、国防科委、国家科委的有关负责同志召集到从化，听取汇报和指示工作。像这样的事例有许多次。

聂荣臻非常重视我国资源的综合利用和我国独特技术的开发。包头和攀枝花的资源开发和综合利用，就是在聂荣臻的指示和督促下，从1961年到1965年，每年由国家科委主持召开一次全国性的会议，进行交流、研究和部署。因此，我国稀土元素、稀土合金的研究和综合利用方面，以及钛铁分离的技术，都取得了明显的成果，有了较迅速的发展。

转炉氧气炼钢，在当时是世界上炼钢工业的先进的新技术。为了采用这项新技术，经总理批准，聂荣臻指示从有限的科研试制经费中拨出 2000 元人民币的专款，在北京市石景山首都钢铁厂，进行试验，并取得成功。这对我国炼钢工业的技术革新，起了重要作用。为了解决生产特种型号钢材的难题，在聂荣臻领导下，国家科委安排了研究和试制"九大设备"的战略措施。这一战略措施，如果不是由于"文化大革命"阻滞，将使我国的工业技术水平，达到一个新的高度。

对于重点项目，聂荣臻经常是亲自过问，抓紧落实。1961 年，张有萱和中国科学院半导体研究所王守觉研究员一同出国考察。回国时，在深圳遇到聂荣臻，他立即让张有萱和王守觉随他到从化，听取了详细情况汇报。并立即指示张有萱开展有关项目的科研，另拟出报告，由他亲自呈报周恩来。此后，这项报告得到了周恩来的批准。

三

在领导科技工作中，聂荣臻是尊重知识、尊重科学、尊重知识分子的典范。聂荣臻是党和国家的领导人，身经百战的老帅，但他平易近人，能和知识分子交朋友，倾听他们的呼声，尊重他们的意见，关心他们的工作和生活。有一次，聂荣臻因病在上海休养，张有萱因公途经上海，本不想打搅聂荣臻元帅。但不知怎么的却忽然接到了立即去他那里的通知。原来聂帅在病中还接见了在上海从事研究工作的两位科学家，要张有萱也一同陪坐。聂荣臻同两位科学家亲切地促膝谈心，询问他们研究工作的进展情况，有什么问题，征求他们对发展我国科学技术的意见，并共进午餐。不仅这两位科学家，由于受到聂荣臻的关怀，非常感动，就是在一旁的张有萱对聂荣臻这种对知识分子的尊重和无微不至的关怀，对他亲切感人的工作作风，也感到由衷的敬佩。

（张文卞）

"任新民是自己的同志"

——聂荣臻和任新民

任新民是国防科工委的著名火箭专家，曾在美国留学多年，并在美国密歇根大学获博士学位。回国后不久，便参加了中国自己的火箭发动机的研制工作。他与当时主持国防科技事业的聂荣臻有着一段不平凡的交往。

1957年，是"宁左勿右"的年代，中国的知识分子遭受了比一般人多一层的劫难！聂帅忧心如焚。他深谙人类的进步，民族的崛起，都离不开科学，离不开知识和知识分子。而加在知识分子头上的种种"左"的紧箍咒和"帽子"，足以把人置于死地，使刚刚起步的航天事业夭折！聂帅不顾自己身体多病，到各研究院所听取知识分子的意见。在中央政治局会议上，他大声疾呼，要为知识分子"脱帽加冕"。

一次，自制的火箭刚起飞1000多米，便一头栽进了茫茫戈壁，时任设计总工程师的任新民教授依在桌旁，盯着地面记录的参数和那条中断了的飞行轨迹愣神。

一时，闲言碎语泛起，如针刺刀扎。失败的愧怍，一时还没有找到原因的苦恼，以及不被理解的沉重负担，压得任新民简直抬不起头来了。在基地主持试验的聂帅也风闻到这些议论。他非常生气，严肃地说："要人家做事，就要信任，尊重人家，任新民是自己的同志。"

第二天，聂帅要离开基地了。任新民和一些专家到机场送行。聂帅一看见任新民，径直走了过去，一把握住他的手说："事物发展是有规律的，到最困难的时候，很可能就快要成功了！充满信心，继续努力吧！"

任新民双手紧紧握着聂帅的手说不出一句话，热泪盈眶。

当社会上"反右"、"批白专"的口号喊得震天响的时候，国防部第五研究院却保持着独特的宁静。聂帅最厌恶那种高喊革命口号打击知识分子的行径。在五院的一次干部大会上，聂帅动情了："不准提白专道路！专和白没有必然的关系。我们要提倡学习知识。还要让'专家当长'，说了算。"当时五院的行政领导干部，大都是肩上扛着两条杠杠的校官。聂帅叮嘱说，要好好为知识分子服务。他们是顶梁柱，国家的宝贝！

初冬的一天，聂帅来到北京南郊的一座院落。这里是我国初建不久的火箭研制中心。飒飒寒风中，聂帅撩开一个个帐篷，检查是否都生火了。当时，许多科技人员还住在军用帐篷里。他发现帐篷内温度很低，不少人一边跺着脚一边工作，立即把火箭研制中心的领导干部找来，严厉批评说："如果冻坏了一个人，你们得赔我！"命令第二天解决问题。他不止一次公开声明："我自己就是一个大管理员、勤务员，我自愿为科技人员和他们的工作服务。"

三年经济困难时期，物资奇缺。科技人员依旧在苦战攻关，许多人体质下降，有的面黄肌瘦，有的出现了浮肿。正在住院的聂帅听说这个情况，再也躺不住了。他反复思考，决定以个人的名义，向各大军区求援。陈毅元帅到医院看望聂帅，听说了这件事，连忙说："向各单位'募捐'，也加上我的名字。"

很快，一批物资被送到了各研究院所。聂帅特别关照，这批鱼、肉、大豆、海带等副食品，都是给科技人员的，其他任何人，不管你是院长还是书记，都不得动用，并委托陈赓大将检查落实情况。

1985年初冬的一天，聂荣臻住所。86岁高龄的聂帅戴着老花眼镜，正坐在桌前推敲一篇文章。这篇文章是他为第一次向国内外读者披露比较全面资料的《当代中国的航天事业》一书写的序言。尽管已经连续工作许久，但他毫无倦意，聂帅认为，千万别让心血凝成的经验搁置起来，要让后人了解我们是怎样从荆棘杂草中踏出路来的。他看着看着，脑海里又浮现出为全国科学大会召开赋的一首诗：

　　昂首赶超新差距，顿足狠批四帮凶。廿余沧桑足堪训，奋起

攻关新长征……

整整 30 年了，聂帅心系中国航天事业的崛起。如今，他又把目光投向未来。"我们的航天技术骨干大都年过半百了，而且身体都不好。我有点担心，再过 10 年 8 年，会不会出现青黄不接的局面？"聂帅常常提醒有关领导要高度重视这个问题。

1986 年 6 月 6 日下午，聂帅在住所和当年一起创建航天事业的老专家、老同志欢聚一堂。见到任新民，聂帅说："哟，都老得多了。"他转过身来问钱学森："今年去疗养了吗？可要注意休息。"当谈到中国航天事业今后的发展时，聂帅谈古论今，历数多年的经验教训，语重心长地说，中国航天大业需要几代人的奋斗，要从战略高度着眼，从现在起有计划地培养接班人，一代、二代、三代持续不断地发展下去，使我们的事业保证有强大的后备军，向着世界先进航天技术的顶峰突进！

（林文翚）

"保护好人跟打击坏人同样重要"

——聂荣臻和姜齐贤

"政策和策略是党的生命。"这也是直接关系到红军生死存亡，士气兴衰的大事情。聂荣臻到达根据地时，肃反的高潮已经过去了。但当时王明"左"倾路线又在根据地得势，对肃反扩大化的错误，纠正得不可能很彻底。聂荣臻到达长汀时，还看到了对"破获"的"社会民主党"正法的布告。那时在江西叫肃ＡＢ团，在福建是肃"社会民主党"。其实，ＡＢ团是有的，但只是敌人打进我军内部的个别人，哪里会有那么多？很多是冤案，是自己在那里吓唬自己，自己在那里疑神疑鬼，自己把自己搞垮，冤枉了很多干部。聂荣臻看到有的战士也被说成是"社会民主党"，感到很奇怪，一个农民才当几天红军，他知道什么叫社会民主党呀?!

聂荣臻到一军团以后，肃反工作直接归他这个政治委员领导。不久，罗瑞卿又从四军调来军团任保卫局长。罗荣桓同志和聂荣臻很合作，使一军团的保卫工作没有发生过大的差错。聂荣臻记得在一军团，干部有了错误就批评一顿，没有随便扣上"敌人"的帽子，没有杀过一个干部。

第四次反"围剿"的时候发生过这么一件事，一次缴到了一些西药。有的西药上没有标签。从外形和气味上看，很像奎宁。那时，部队发疟疾的很多，急需奎宁，军团卫生部就把它当作奎宁发下去了。军团部是近水楼台，机要科黄科长和警卫连指导员正发疟疾，就先服用了。立即产生过度兴奋、烧心、恶心等强烈反应。后来查清楚是误把吗啡当作奎宁服用了。

可是开始并不知道。只看见黄科长等竟然像发了疯似的在山上跑上跑下，乱抓自己的心窝。这是中毒的表现。这不是敌人在搞破坏是什么呢？于是赶紧追查。先追查到军团部的游胜华医生，他是瑞金中华红色医务学校毕业的，是我军自己培养出来的"土"医生，本人是党员，家庭是贫农，难道是他搞破坏？似乎不会。往上追，药是军团卫生部分发下来的。当时在军团卫生部当医务主任的是戴济民同志，外号戴胡子，他在吉安城内开私人诊所，是红军打下吉安时，动员他出来参军的。是否他是 A B 团？再往上追，当时军团卫生部的部长是姜齐贤同志，他在被红军俘虏以前是国民党的中校医官。可疑！当时他们本人都很紧张，旁人也替他们捏把汗。

聂荣臻亲自参与调查处理这件事，发现确实是误用了药，并非蓄意搞破坏。罗瑞卿同志和聂荣臻也配合得很好，一场风波算是平息了。聂荣臻给卫生部规定了一条，今后凡是缴到没有标签的药，先找有药剂经验的人辨别判断，然后给狗吃做试验，证明没有毒性才允许给人服。聂荣臻还告诉这些被怀疑的人接受教训，不要多心，安心工作。一起人命关天的错案才算避免。使许多人懂得正确的保卫工作，保护好人跟打击坏人同样重要，是一点也不可疏忽大意的。

（文　编）

"我们共产党办事，
一切要从革命的利益出发"

——聂荣臻和殷希彭

在红军时期，曾发生过这样一件事。一次，一位军医给伤员用错了药，使一些伤员神经错乱。于是有人说这个医生是内奸，要处决他。这位医生一时也解释不清楚，非常紧张。聂帅听说，立即制止。他对下面干部讲，我们的革命队伍中懂科学、懂技术的人太少了，我们不能轻易怀疑一个人。不相信一个人，更不能在未调查清楚之前就简单地处置一个人，这样对革命事业不利。他要求把情况调查清楚再说。后来，事情终于水落石出，原来这批药品是从国民党那里缴获来的，缴获时标签就贴错了，造成了误用。这件事，不仅挽救了那位医生，更教育了红军的广大干部战士，使同志们明白了一个道理：任何情况下都要实事求是地对待革命队伍中的知识分子，要把他们当成自己人。只有信任他们，才能发挥他们的作用。

聂帅在晋察冀军区领导军民开展抗日斗争时期，更是十分重视知识分子的作用。他经常对干部讲："知识分子懂科学技术，对他们要重视。建立根据地和革命武装队伍，没有他们不行。"正是在他的直接领导下，当时曾动员一大批知识分子参加了晋察冀边区的革命工作，对发展晋察冀的科学、文化、教育、卫生、军工事业，对建设和壮大革命武装队伍，起了重大的作用。

为了加强医务力量，聂荣臻同志通过各种渠道包括从敌占区，动员了许多有名望的医疗卫生专家，投身到革命队伍中来。一次，聂荣臻得知有一名名叫殷希彭的早年毕业于日本帝国医科大学、回国后曾当过医学院教授的病理学专家，医术很精，他的学生遍布冀中，如果能把他动员出来参加边区工作，作用和影响会很大的。但是，殷希彭提出三个条件：第一个条件是要一匹马代步；第二个条件是不吃粗粮；第三个条件是来去自由。

刚说出头两个条件,有的干部就摇头说:"部队的马很缺,团长才配备,他怎么能开口就要马呢?'不吃粗粮'?边区的条件还很苦,我们的首长还吃粗粮哪!"可聂帅却说:"可以!再困难,这两个条件我们还可以做到嘛!"接着问:"那第三个条件呢?"汇报情况的同志说:"来去自由。"聂帅问:"这条,你们怎么看?"一些干部说:"同志们议论纷纷,来去自由,这哪里像参加革命的样子!"聂帅却说:"我看也可以。我们共产党办事,一切要从革命的利益出发,从人民的利益出发。你们要晓得,一个好的医生加入革命队伍,成千上万的伤病员就会得救,就能重新走上战场消灭敌人。另外,我们这样做,不只是使他一个人能参加革命工作,同时,还会影响到更多的知识分子投身到革命事业中来,对革命事业做出贡献。这笔账为什么不算一算呢?何况,他参加革命后,认识也会慢慢发生变化,这三条他很可能一条也不要了!"果然,殷希彭投身革命后,他的许多学生也陆续来到革命队伍,使部队的医务力量大大加强。殷希彭本人后来也主动撤销了自己所提的条件,而且成长为党的一名优秀的领导干部。解放后,他曾任中国军事医学科学院院长、总后勤部卫生部副部长等职务。

(董文摘)

尊重　关心　任用　照顾
——聂荣臻和邓拓

抗日战争时期,曾被中共中央誉为"模范根据地"的晋察冀边区,在正确执行党的知识分子政策方面作出了出色的成就,这与根据地的主要开创者和领导者聂荣臻的重视、关心以及信任是分不开的。

曾担任过新中国中共北京市委书记的邓拓,是一位由聂荣臻一手培养和提拔起来的青年知识分子干部。

1937年底,当得知邓拓等一批青年知识分子干部来到晋察冀抗日民主

根据地工作后，聂荣臻立即将邓拓等请到军区司令部，进行了热情款待和长时间交谈。此后，经过培养考核，任命邓拓为晋察冀边区《抗战报》主任。聂荣臻的爱护、关心、任用，使邓拓等一大批青年知识分子健康地成长起来。仅邓拓主持下的《抗敌报》发行量就达2万份以上。

1938年1月，边区筹备召开军政民代表大会，在审查与会代表资格的时候，对于五台山的和尚和喇嘛的代表权问题，出现了分歧意见。有的同志提出：和尚和喇嘛是出家人，只能烧香念佛，不必吸收他们参政。参加筹备工作的邓拓等不同意这种看法，他们认为，和尚和喇嘛也是中国人，在民族危亡面前，应该团结一切可以团结的力量，不能用歧视的眼光看待他们。两种意见争执不下。聂荣臻得知后，专门在筹备处全体会议上发言，表示完全赞同邓拓等的正确意见，使筹备处统一了认识，一致赞同和尚和喇嘛作为正式代表出席军政民代表大会，争取了爱国的僧侣抗日。新华社对此发出快讯，在全国宗教界引起了强烈的反响。

聂荣臻尊重知识分子的风范体现在许多方面，正是由于这一点，许多知识分子与他成了亲密的朋友。1943年1月，在边区第一届参政会上，他与邓拓等共同倡议成立了"燕赵诗社"，还推举邓拓起草了《结社缘起》，大家欢聚一堂，吟诗作歌，充满了欢乐的气氛。

聂荣臻知道邓拓已年近30岁，仍未成婚。他十分关心这个"大龄青年"的婚事，曾经多次叮嘱有关领导要关心邓拓的婚事。1943年初，聂荣臻亲自批准了邓拓和丁一岚的婚事，并在自己的家中设便宴招待了这对新婚夫妇。

（田　玄）

"建立根据地，装备自己的队伍，
没有他们不行"
——聂荣臻和张珍

张珍是一位在土地革命战争时期就接受中国共产党影响和指导的革命

知识分子。先后就读于北平燕京、辅仁大学，毕业后留校。任辅仁大学化学系助教兼任高中教员。他利用工作之便，在北平结识了大批北大、清华、师大及天津南开大学的进步教授和青年知识分子，从中进行进步思想的传播活动。七七事变后，奉中共组织指示，带领部分青年知识分子到冀中参加了八路军第 3 纵队。不久，到达晋察冀根据地，开始了在聂荣臻领导下的抗日工作。

晋察冀抗日根据地初创之时，缺医少药，根据聂荣臻的指示，张珍通过一些革命知识分子的关系，将保定医学院的一些爱国教授和一些内科、外科主任都动员到抗日根据地来了。

晋察冀边区人民政府成立后，吸收了一批从敌占区到边区参加抗日的知识分子和技术人员。张珍负责平、津、保的城市工作。根据聂荣臻等领导同志的指示，从北平的北大、清华、辅仁、天津的南开和保定医学院等大学又动员了一批教授和青年知识分子到边区参加抗日工作。就连当时北平的唯一电台——燕生广播电台的部分技术人员都被动员到边区来了。他们为晋察冀边区军事工业和工矿、文化事业的发展，为保证抗日战争的胜利，作出了较大的贡献。

1940 年秋，晋察冀边区成立了工矿局。知人善任的聂荣臻任命张珍担任局长，并在政治上给予了充分信任，对工作给予了极大的支持。聂荣臻还多次告诉张珍："知识分子懂科学，有知识，对他们要重视，建立根据地，装备自己的队伍，没有他们不行。"并指示说："要在他们中间发展党员，作为我们党的骨干。在生活上要按重病号待遇，保证他们的身体健康。"

按照聂荣臻的指示，张珍挑选了一些比较好的同志，分别到各厂矿担任了生产和行政负责人及技术骨干，还在他们中间发展了一批党员。由于边区的生活条件有限，广大知识分子还是和工人群众同甘共苦，共同奋战，并无特殊表示。以后，这些同志中的绝大多数都成了党的骨干，担负了一定的领导职务，为革命事业都作出了积极的贡献。

晋察冀边区，当时是一个文化落后、经济困难，人民生活非常艰苦的山区。从农业来说，除了适合山区生长的一些枣树、核桃树和杏树外，其

他作物能生长的不多，棉花、杂粮有一些，但单产也很低。工业更谈不上，全区只有一些当地农民办的酿酒作坊和毛皮作坊，钢铁除了几家农民打农具的铁匠炉外，几乎没有什么工业；交通全靠人背驴驮肩扛，即使缴获到敌人的汽车，由于无汽油也无法利用；机械动力更谈不上。在这种条件下发展工业，解决边区军民的需要，确实困难重重。但在聂荣臻的带领和关注下，广大科技人员不怕困难，不讲条件，自力更生，充分发挥自己的聪明才智，运用自己掌握的科学技术知识投入到科研、生产的实践中，投入到生产第一线。他们既是厂长又是工人，既亲自动手又向工人传授文化科学技术知识，整天和工人一起，共同研究解决科研、生产中存在的问题。由于广大科技人员和工人的艰苦奋斗，仅在短短的时间里就建设起了煤矿、纺织厂、酒精厂、肥皂厂、造纸厂、制革厂、玻璃陶瓷厂、工具机械和化学厂等比较现代化的边区民用小型工业体系。

1942 年下半年，组织上决定边区工矿局的一些厂矿与军区军事工业部合并，主要的技术干部都随之调入军区工业部。并指示张珍说："缴获敌人的武器弹药毕竟是有限的，主要要靠独立自主，自力更生来武装自己的子弟兵。"在张珍的率领下，这批知识分子和技术人员立即投入到军工和其他工业品的研制和生产上去。

在根据地，建设民用工业遇到不少困难，建设军事工业则更是难上加难。在游击战的环境里，特别是军事工厂，又是敌人重点扫荡的目标，随时都有被敌人吃掉的危险。对此聂荣臻予以高度重视。他对张珍等说："知识分子是宝贝，在任何残酷的条件下，也不能使一个知识分子受到损失，要专门派一个团的兵力来保护你们。"所以一得到敌人扫荡的消息，聂荣臻就亲自给当时骑兵团的团长唐子安打电话，叮嘱他对这些知识分子要加强保卫。由于聂荣臻重视和保护，并经过广大科技人员和工人的共同努力，克服了一个一个困难，闯过了一道道难关，终于在晋察冀边区的山沟里建立起了一套比较完整的军工厂，为抗日战争的胜利，为建立军事工业打下了基础，培养了人才。

（卞　吉）

特别的规定

——聂荣臻和胡朋

1937 年 12 月，晋察冀军区成立了"抗敌剧社"。时任军区司令员兼政治委员的聂荣臻，对剧社工作人员给予了极大的关怀和支持，尤其对演员们，更是关怀备至。他常常对政治部主任舒同和宣传部部长潘自力说："咱们边区汇集了众多有志有为的文化战士，尤其是从平津地区来的大批优秀的知识青年。我们应该很好地发挥他们的作用，同时也帮助他们，使他们在斗争中锻炼成长。"那时，部队生活艰苦而紧张。剧社主要是配合部队作战、宣传发动群众等中心工作，表演一些舞蹈、演唱一些抗战歌曲。起初，演员都是清一色的男同志，有些剧目中的女角色，也都是由男扮女装。

1939 年 1 月，刚从抗日军政大学毕业的胡朋，被分配到了晋察冀军区政治部抗敌剧社工作。也正是从这时起，剧社才有了女演员。说来也是，那时军队中的女军人本来就少，说到女演员就更稀罕了。一时间，胡朋和另外两名女演员，便成了部队官兵注目的焦点。谁都知道，聂司令员对宣传工作极为重视，对文艺工作者非常关心。每当剧社排完一台节目或一出戏，他都极有兴致地在百忙中抽出时间认真观看，并和演员们一起亲切交谈、商榷怎样把戏演好。当时聂司令员的言行，给初到剧社工作的胡朋以极大的安慰和鼓舞。以后，由于工作上的需要，剧社队伍不断扩大，女演员也随之多了起来。不知从什么时候起，机关干部和一些领导便把自己选择伴侣的目标，集中到了剧社。有的女演员才来了不长时间，就被上级机关作为特殊情况调走了。聂荣臻司令员知道这些事后，为了稳定演员队伍，以培养出更多、更好、具有高水平的文艺战士，他向抗敌剧社作出了一条保留人才的特别的规定。规定中要求任何人未经他本人批准，不准从剧社调人。同时强调，由于剧社女演员少，无论是哪一级干部，即使是符合婚

恋条件的干部，也一概不允许到剧社找对象。否则，女演员们都去生儿育女，改行搞其他的工作，不仅影响剧社的演出，也终止了她们的艺术生命。聂司令员作的这些规定，很快在部队生了效。他常常对胡朋和剧社的其他同志说：一定要演好戏。小戏要演，大戏也要演。不要怕别人议论演大戏，因为我们不是为演戏而演戏，是为群众服务。一次，他来到剧社，看到胡朋和几个演员在一块儿排练，便走上前来，笑呵呵地打着手势对她们说："你们将来一定要成'家'，成为人民大众的艺术家。"正是在聂司令员的关怀下，抗敌剧社在抗战的炮火声中，逐渐壮大起来。他们运用话剧、活报剧、歌剧、歌舞剧、舞蹈、京剧、曲艺、秧歌舞、霸王鞭等多种艺术形式为部队广大官兵服务，为群众服务。而青年演员胡朋，也渐渐地成熟起来了。在短短的 5 年中，她不仅在《母亲》、《斗争三部曲》、《日出》、《雷雨》、《弄巧成拙》、《戎冠秀》等剧目中成功地塑造出了各种不同类型的人物形象，而且还为村剧团写作了小剧本《二狐灵》、《改造懒婆》及儿童读物《栓柱》。新中国成立后，抗敌剧社涌现出了一批像汪洋、刘佳、崔品之、胡朋、胡可、杜烽、丁里、田华等著名的文艺工作者。胡朋也在话剧及电影《槐树庄》中成功地塑造了主人公郭大娘的形象。这一形象在亿万人民群众心中留下了深刻的印象。

50 多年后的今天，当年届 77 岁的著名电影表演艺术家胡朋回首往事时，不无感慨地说："要不是聂司令员特别的严格规定，我的艺术生命恐怕早就完结了。"

（王红云）

让海内外都知道中国的敌后抗日根据地

——聂荣臻和黄薇

黄薇，是中国抗日战争时期闻名海内外的归侨女记者。她原为新加坡华侨，1936年在日本东京明治大学留学时就参加了中共东京支部领导下的革命活动，并担任了"留东妇女会"、"社会科学座谈会"和"留东文化团体联合会"等革命团体的负责人。七七事变后，她以新加坡《星洲日报》驻中国特派记者的身份回国参加抗战。先后到达了徐州、武汉、延安和华北敌后抗日根据地以及战时陪都重庆等地。曾受到毛泽东等中共中央领导人的亲切接见。她随世界大学生联合会代表团来到了石咀。这是一个小镇子，是到晋察冀边区政府和晋察冀军区司令部的分叉点。这里设有边区银行和邮政局，相当热闹。几座雄伟的庙宇展现在眼前。此地已经是属于五台山的境界了。这是参观团的目的地，大家希望能赶快走到，脚步自然而然地加快了起来。

向前走了约十里路，到了金刚库。这是一座规模宏大、富丽堂皇的庙宇。在庙宇前面的绿树丛中，忽然传来了一阵阵的军乐声，原来是数百人的欢迎队伍集合在那里。墙上、树上，贴满了红红绿绿的标语。当黄薇等走近排列成两行的欢迎队伍时，欢呼声和口号声震天价响："欢迎陕甘宁边区参观团指导工作"、"欢迎为祖国解放而万里奔波的爱国侨胞记者"、"抗战必胜、建国必成！"军区司令员聂荣臻、参谋长唐延杰、政治部主任舒同等领导人站在欢迎队伍的前头，亲热地同黄薇等一一握手，情景之热烈，真是令人感奋。

时值9月下旬，五台山都已经下起雪来。聂荣臻立即命令军区司令部给参观团送来了40余套棉军服。黄薇等兴奋地穿了起来，这支队伍显得整齐多了。

她以犀利的手笔先后采写了大量反映敌后战场八路军抗击日本帝国主义的英勇事迹的通讯，因此在海内外产生了极大的反响，提高了八路军在世界反法西斯战争和中国抗战中的威望。这些重要的新闻报道，有的还被制作成为微型胶卷，至今还珍藏在新加坡国家图书馆内。

1938年夏，黄薇随世界大学生联合会代表团访问晋察冀敌后抗日根据地时，对聂荣臻这位叱咤风云的将军留下了难忘的印象。

五台山金刚库初次见面

正当日落西山的时刻，黄薇身背着八路军第一二〇师贺龙师长、萧克副师长、周士第参谋长和甘泗淇主任赠送的珍贵礼品——日本指挥刀。晋察冀边区是在太行山脉和恒山山脉连绵起伏的地带。这万里丛山的峻岭与山沟，成为边区的天然屏障。崎岖的山路，使敌人的机械化部队无法活动。八路军部队在这里曾以少数的兵力和低劣的武器打败了敌人无数次的进攻，消耗了他们大量的兵力和物力，予敌以沉重打击。

这里是一种严肃、紧张而又生动、活泼的新环境，黄薇对此感到异常兴奋。次日下午，军区司令部为黄薇一行举行宴会和欢迎晚会。聂荣臻还特别向黄薇介绍了同桌的加拿大医生白求恩大夫。他高大的个子，身穿八路军的棉军服，戴着军帽，显得格外精神。他喜爱中国饭菜，能够自如地使用筷子。他努力学习中国话，见到黄薇立即用中国话叫着"同志！"，虽然发音不很准确，但听起来十分亲切。

晚上7点钟，军区司令部后面的广场上举行了欢迎晚会。明亮的汽油灯照耀得如同白昼。帷幕拉开后，首先由聂荣臻致辞，他对参观团的慰劳、视察，表示热烈欢迎，对华侨记者为了祖国的抗战事业而万里奔波，为了民族的自由解放而出生入死于枪林弹雨之中，表示敬意。当他讲到了黄薇作为一个华侨女记者，在日寇的重重包围之中，从徐州前线随军突围的事迹时，引起了全场热烈的鼓掌和欢呼。

在边区行政委员会主任宋劭文致辞之后，黄薇被邀请讲话。她十分激动地报告了海外侨胞为支援祖国抗战而节衣缩食踊跃捐献的许多事例，并代表广大侨胞对艰苦奋战在敌后的将士们、同胞们，致以崇高的敬意和慰问。掌声一阵接着一阵，充分表现了军民之间的团结与友爱。

接着，白求恩大夫自告奋勇跳上了演讲台。

"同志们！"他这开头的一句不很准确的中国话，使得全场沸腾了起来。白大夫谈到他来到边区之后，看到这里上自聂司令、宋主任，下至一般战士和老百姓，为了抗击日本帝国主义者，团结一心，精诚合作，非常感动。

他认为这里是模范的抗日根据地。许多事实充分证明，团结就是力量，团结是打倒敌人的有力武器。他希望全中国各党派、各阶层，不分上下团结起来，打倒万恶的日本法西斯主义者。白求恩作为一位国际友人，为支援中国的抗日战争而离开他的家园，抛弃了他那优越的生活环境而来到烽火弥漫的中国，救死扶伤，为前线作出了巨大的贡献。这种伟大的国际主义精神，使当时在场的人员深受感动。

宣传部长潘自力向大会报告了陕甘宁边区参观团带来的各种慰劳品。其中包括各界赠送的锦旗、延安抗日军政大学学员的生活照片、抗大丛书、抗大女生编织的草鞋、围巾以及其他许多纪念品。每当报告一项，全场就报以热烈的掌声。最后由军区政治部的抗敌剧社表演游艺，有唱歌、跳舞，也有活报剧。演员们虽然都是些年轻的小娃娃，但表演水平都很高。这说明边区的各方面都在抗战之中进步了。

为弘扬敌后抗战侃侃而谈

黄薇等到达晋察冀边区的第一天，形势就已经紧张起来了。日军调兵遣将，气势汹汹，企图分8路围攻边区。聂荣臻为指挥反围攻作战，在司令部精心指挥，所以不能如约同黄薇交谈。遂安排黄薇到5里外的军区政治部参观。

抵达五台的第三天晚宴后，黄薇在聂荣臻夫人张瑞华的陪伴下，参加了专为黄薇准备的座谈会。

座谈会会场上，点着明亮的汽油灯。桌子上摆着红红绿绿的苹果、梨、葡萄、沙果和核桃。一包包的饼干，送到每个人的面前。许多人宝贝似的把它保存了起来，因为这是人民群众献给英勇战士的心意，或是从敌人那里缴获来的战利品啊！晚上8时，聂荣臻穿着一件皮领军大衣，带着满面笑容走进会场和黄薇打招呼。虽然是在日军围攻的紧张时刻，他的态度仍然那么沉着和镇定。

入座后，聂荣臻向黄薇叙述了建立晋察冀抗日根据地的经过。

他说，晋察冀边区是在敌人后方建立起来的第一个抗日根据地。这个

根据地的建立以及它在抗日战争中发挥的作用，大大加强了我国人民"抗战必胜"的信念，使国际人士对中国的抗日战争有了新的认识，尤其是使敌人受到了极大的威胁。边区的存在，使得日寇无法开发我国的资源，无法利用我国的人力和物力，而且有如陷入"迷魂阵"，在我正规军、游击队和广大人民群众的包围之中，到处挨打，处处碰壁。在这种情况下，敌人哪有不败之理。

接着，聂荣臻谈到创建晋察冀抗日根据地的各方面条件：

首先就地理形势来说，晋东北最大的山脉是五台山脉，向东北与恒山山脉蜿蜒交错。冀西是丘陵或山区。冀中为平原，公路纵横，可以驰骋汽车，这一点对游击战争虽然不是有利条件，但我们有人民。只要有了人民群众的支持和拥护，不管是山区还是平原，都可以进行游击战争。而且这个地区是华北比较富庶的地方，也有许多优越的条件。而作为边区中心的五台，山峦起伏，交通不便，有利于开展山地游击战争。是一个进行抗战的好地方。

其次就经济条件来说，边区有丰富的煤矿和铁矿，这是发展工业的基本资源。粮食方面，晋东北主要产小米、莜麦，冀中则产小麦。只要不运输出境，可以自给。但棉花是大宗出产。由于过去的当政者奖励种棉花，致使许多粮田改作棉田，人民生活来源主要依赖棉花输出。但是棉花太多，粮食减少，成为一个大问题，必须解决。边区政府经多方考虑后，决定收购一部分供军需之用；一部分经政府征税后输出。今后则要号召冀中农民少种棉花多种粮食。

最后就民众条件来说，河北民众勇敢强悍，富于战斗精神，这在历史上是有名的。冀西、冀中过去都是农民运动的发源地，有过不少轰轰烈烈的战斗史迹。这一优良传统只要加以组织和教育，就会在抗敌战场上发挥很大作用。而且河北民众的文化程度一般比较高，有利于开展宣传、动员工作。晋东北的群众经过抗日战争的锻炼之后，已经不断出现一些战斗的英雄人物。谈到这一点，聂司令表示，群众条件是要靠我们去创造的，只要能够耐心地进行教育，又能照顾到群众的利益，任何阻碍都可以克服，无论什么样的群众都是能够动员起来的。

　　谈到创建边区政府的艰难历程时，聂荣臻说，当七七事变爆发不久，太原失守，娘子关被占领，忻口危急。仓促布防的我军，未能挡住来势汹汹的大敌，遂使敌人得沿正太路西进。当时，在晋东北的我军，为了应付南路战线，纷纷转移主力，八路军总部也于此时转移到正太路南去阻挡西犯大敌。但在当时，中共中央就有这种远见，认为中日战争的持续，晋东北必将成为敌人的后方，而我们则可能而且应该以五台山脉与恒山山脉为中心，创立一个游击战争的根据地。于是，当一一五师主力南下的时候，他们便有计划地留下聂荣臻在五台成立军区，同时留下一部分兵力和军事政治干部在那里共同工作，创立抗日根据地。

　　在聂荣臻的领导之下，晋察冀军区于1937年11月7日在五台正式宣传成立。然而当时所处的环境是十分困难的。当太原失守，娘子关被占，忻口战场撤退的时候，边区已处在敌人四面包围之中。同蒲、正太、平汉、平绥线都已先后被敌人占领，把晋东北、察南、冀西、平北围在一个框子里，而框子里的平原地区，公路发达，敌人从任何一路进攻，都可以直逼五台。所幸的是敌人的兵力不足，又专心南下，无力顾及后方。

　　以我方的兵力来说，当时我们所留下的兵力，只有一个独立团、一个骑兵营、八路军总部特务团一部和各地的工作团，共约3000人。这就是全部的力量。但为了安慰民心和稳定社会秩序，迅速派干部到乡下去发动群众，组织游击队。在这时候，主要是以实际行动来向民众证明，我们有力量战胜敌人，以提高民众的抗战信心。因之留在该地区的一二○师部队，便到同蒲路去奇袭敌人，作必胜的战斗，攻克了繁峙，进占敌军放弃未久的忻口，切断平型关。晋察冀军区部队则向东向北发展。这些实际战斗的胜利，使民众相信了部队，同时也增强了自信心。就在这民众的抗战情绪逐渐提高的时候，八路军的工作人员，便组织了大批的地方工作团，下乡动员民众，帮助民众改善生活，以激励民气，同时广泛地组织民众、武装民众。一时风起云涌，到处成立游击队、义勇军。不出一个月，组织了万余人的民众武装。开始的时候，武器非常缺乏，几乎是以赤手空拳上战场。然而，正如《游击队歌》里所说的："没有吃，没有穿，自有那敌人送上前；没有枪，没有炮，敌人给我们造。"在边区附近的保定、石家庄、忻口、娘子关、平型关、太原等地都是不久以前的大战场，国民党军队撤退时，留下了不少的枪支、手榴弹，他们便以这些武器来充实自己的装备。"拿枪去啊！"一声令下，成千成百的民众，由一两个干部率领，就可以去打游击。而在这抗战热潮澎湃之下，五台县县长（即边区行政委员会主任委员宋劭文）及盂县县长（即边区行政委员会副主任委员胡仁奎）都出来组织群众，支持游击队，这对推动边区游击队的组织起了很大的作用。在晋东北组织起来之后，即向四周发展。河北民间枪支甚多，许多人自动携带枪械来参加义勇军。这样，严重的武器问题便渐渐地得到了解决。

再以当时的政权来说，在太原失守后，晋察冀地区陷于极为混乱的状态，原来的一些县知事老爷，当敌人还远在百里以外的地方，他就溜之大吉了。晋东北地区除了宋劭文、胡仁奎二人领导的五台、盂县两个县政府之外，其余的各县政权机构，实际上都已瓦解。在这种无政府状态之下，加上汉奸到处造谣、欺骗，土匪、溃兵又趁火打劫，在各地横行无忌，闹得人民惶恐不安。许多人对国家前途缺乏信心，充满悲观失望的情绪。在这种混乱的局面之下，边区当局认为，首先应该恢复政权和维持地方秩序，当即找各地有威望、有志气、敢作敢为的人来当县长，建立抗日的县政权机构。政权恢复起来之后，便对原来的部队加以彻底的整顿，清除部队中的兵痞、流氓，加强士兵的政治思想教育，建立和健全部队的政治制度，使部队逐渐走上正轨。于是，全军区的部队就成为一支打不败、摧不垮的力量了。

随着形势的发展，很有必要建立统一的抗日民主政权。因为有了自己的政权，老百姓就会觉得有了依靠，就会克服混乱的局面。因为在老百姓眼里，"政府"是很有权威的。通过各方面协商，于1938年1月10日，召开了晋察冀边区军政民代表大会，用民主选举方式产生了晋察冀边区政府——晋察冀边区临时行政委员会，推举宋劭文为主任委员、胡仁奎为副主任委员。边区政府成立之后，制定和实行了统一的政策。边区的政治影响，很快就超越了边区的界限，边区政府的政令实施，甚至扩大到敌伪统治的区域去了。

目前，晋察冀边区的地域，已经有整个河北省那般大。它包括晋东北、察南、冀西、冀中的 80 多个县,其中有 50 多个县已经建立了健全的抗日县政权机构。边区大致可以划分为两大区。平绥路以南、正太路以北、平汉路以西、同蒲路以东是一个区,即岳北区;北宁路以南、沧石路以北、平汉路以东、津浦路以西是一个区,即冀中区。冀中区的军事完全服从五台军区的统一指挥,政府领导人亦由五台边区政府委派。划分为两个区,没有什么质的差别,只是为了便于工作的进行而已。

同时,为了加强各地区的武装和便于指挥,根据八路军总部的决定,把全边区 80 多个县建立隶属军区的 4 个军分区。

第一军分区包括涞源、蔚县、广灵、灵邱等 10 余县。杨成武任司令员、邓华任政治委员。

第二军分区完全是山西的县份,包括五台、繁峙、崞县、定襄、盂县等。赵尔陆任司令员兼政治委员。

第三军分区则是河北的县份,包括阜平、完县、唐县、新乐、保定等县,其民众运动的发展比较平衡。陈漫远任司令员、王平任政治委员。

第四军分区包括河北、山西两省的平山、获鹿、井陉、灵寿、正定、新乐等县。由熊伯涛任司令员,刘道生任政治委员。其部队是以第一一五师第六八五团的一个连为基干。

各个军分区有各自控制的区域,同时还有向纵深发展的活动范围,四周与敌接壤的广大地区,就是各自的游击区,可以大力扩展武装力量。随着形势的发展,各军分区都成立了相当于团的大队,再加上人民武装配合作战,在很短时间内,就使晋察冀三省边界地区的形势发生了很大的变化,大片国土回到了人民的手中。

聂荣臻在向黄薇介绍晋察冀边区的创立经过时,非常兴奋而快活。的确,一个人看到自己艰苦创建的事业,正在一天天发展和壮大,该是多么值得高兴和欣慰啊!

1938 年 12 月,黄薇结束了华北敌后的参观访问。在回到重庆后,她立即着手全面反映此次赴华北敌后之行的观感的工作。她夜以继日赶写出了 100 余篇文章,分别发往海内外各大报纸,热情讴歌了中国共产党放手发动群众,坚持敌后抗战的辉煌业绩。她的文章对于扩大中共在海内外的政治

影响起到了极大的作用，许多海外华侨青年就是阅读了她的有关延安和华北敌后的百余篇通讯后，才毅然舍弃一切而投身于抗战中的祖国的。

（田　玄）

"聂老师一生功在国家，功在黄埔"
——聂荣臻和李默庵、邓文仪

　　黄埔军校是第一次国共合作时期两党合办的军事、政治并重的新型军校。1925 年，聂荣臻从苏联回国后，即投身于黄埔军校的政治工作建设。聂帅到黄埔军校后担任政治部秘书兼政治教官。他负责计划安排学校的政治教育，亲自编写讲义，和恽代英、萧楚女、熊雄等同志负责讲授政治课。参与主编《军事政治月刊》等军校刊物，宣传打倒列强、铲除军阀的爱国思想和革命精神，培养了一大批军事政治干部。1924 年至 1927 年，两党合作组建了以黄埔军校师生为主体的新制军队，设立党代表和政治部，联合其他友军，在短短 3 年内，取得平定广东军阀和北伐战争的胜利。聂帅为建立黄埔军校和北伐军的政治工作制度付出了巨大劳动，起了重要作用。

　　李默庵，字霖生，早年与徐向前、陈赓、关麟征、胡宗南、贺衷寒、左权等一同考入黄埔军校第一期，并在黄埔同学中素有"文有贺衷寒，武有胡宗南，又文又武李默庵"之称。他在黄埔军校学习期间，曾为聂荣臻的学生，对这位先生存有敬仰之意。在聂荣臻、周恩来、李之龙、蒋先云等共产党人的影响下，李默庵秘密参加了中共组织，并担任了周恩来领导下的"青年军人联合会"的负责人，在这一时期，他在学校政治部工作时与聂荣臻就有过密切的交往。

　　抗日战争时期，聂荣臻为促进国共第二次合作，发展抗日民族统一战线，做了大量的工作，在参与指挥平型关大捷后，聂荣臻遂指挥八路军一部配合国民党军进行了著名的忻口战役。当时李默庵接受第二战区前敌总司令卫立煌的任命，担任晋北方面左翼兵团指挥官，指挥所属的 2 个师，3 个炮兵团以及晋军第 71、第 97 师，守卫忻口阵地左侧一个较为突出的重要据点大白水阵地。在创建晋察冀根据地的斗争中，聂帅教育干部："要亲自做抗日民族统一战线工作，要亲自做上层爱国人士的工作，尊重长辈，争取更多的人共同抗日。要大力纠正过去发生过的'左'的倾向。"聂帅创造性地执行党中央的战略方针和抗日民族统一战线政策，把各种抗日力量最广泛地团结在周围，使晋察冀边区成为"模范抗日根据地和统一战线的模范区"。聂帅当时所著《抗日模范根据地晋察冀边区》一书，在延安、重庆发行后，宣传了党的统一战线政策，鼓舞了全国人民坚持抗战的决心和信心。李默庵虽然身在国民党军中，但聂荣臻关于抗日民族统一战线的倡导却深深地印在他的心底里。

1984 年 6 月，聂帅和徐向前元帅创建了黄埔军校同学会。为贯彻邓小平同志提出的和平统一，国共两党对等谈判，实行第三次合作方针和"一国两制"设想做了大量工作。

黄埔同学会成立时，聂帅亲笔题词："纪念黄埔，促进祖国统一。"1985 年聂帅在总结国共两党两度合作的经验教训时说："这两次合作实现了北伐和抗日的大业，有力地促进了我们民族的进步。今天，历史又在召唤第三次国共合作，这是大势所趋，人心所向。积极推进第三次国共合作，尽早实现祖国统一、振兴中华大业，以无愧于历史赋予我们的使命。"1986 年 11 月，黄埔同学会召开理事会之前，聂帅亲自审阅了会议文件。会议召开时，他因健康原因未能出席，专门给大会写了贺信，对出席会议的海内外理事致以亲切问候，希望黄埔同学为祖国统一作出新贡献。

1992 年 5 月 15 日清晨，当李默庵等与聂荣臻元帅办公室联系，准备向他汇报黄埔同学会关于学习贯彻邓小平同志南方谈话的意见，突然得知聂帅已于头天晚上不幸逝世，在座同志惊愕悲痛不已！聂帅逝世，党和国家失去了一位元勋，黄埔同学会失去了一位卓越的领导，海峡两岸和旅居海外的黄埔学生失去最后一位敬爱的早期老师！

黄埔同学会在京副会长和理事，当即去聂帅寓所吊唁。88 岁的黄埔一期学生李默庵，悲切地向聂帅的女儿聂力和聂帅的秘书说："聂老师一生功

在国家，功在黄埔！"

聂荣臻在晚年辞去中国共产党和国家一切领导职务后，仍坚持担任黄埔同学会顾问，亲自关怀并指导黄埔同学会的重大活动。

1990年1月19日，90岁高龄的聂帅和88岁高龄的徐帅向海内外黄埔师生发表春节谈话。两帅号召："祖国尚未统一，同学仍须努力！"两帅春节谈话在台湾、在海外的黄埔师生中引起强烈反响。在台湾的黄埔一期学生来信说：两帅谈话"大义明示，深获同心"。旅美黄埔同学来信说，两帅谈话"正中时势，提出了黄埔同学今后的革命任务"。聂荣臻始终惦念着黄埔同学李默庵。1990年9月12日，聂帅在寓所亲切会见黄埔一期学生李默庵。他们愉快地回顾了60多年前黄埔建校初期的往事。聂帅关心地问："现在大陆的黄埔。一期同学还有多少人？"李默庵等回答道："还有15位。"聂帅深为感慨地说："陈赓、周士第、左权等都不在了！"他说："两岸黄埔师生应一本革命初衷，团结起来，为统一祖国、振兴中华奋斗。"聂帅对黄埔同学会寄予殷切希望，他说："黄埔同学会的工作很重要。黄埔同学会唯一重要的工作，是做台湾工作，做在台湾黄埔同学的工作。现在台湾形势起了很大变化，有许多工作可做。黄埔同学会要努力。"

聂荣臻还常常提及在台的黄埔一期的学生邓文仪。

1990年5月9日，在台黄埔一期学生邓文仪率团来京访问。5月10日上午徐帅会见邓文仪一行。5月11日下午，聂帅在寓所亲切会见邓文仪等人。聂帅坐着轮椅来到客厅门口时，挥起右臂有力地说："同学们好！"在座的黄埔同学不约而同起立说："聂老师好！"会见充满了师生久别重逢情谊。事后，聂帅将他会见邓文仪的情况，及时通报了邓小平同志。5月16日，邓小平同志亲切会见了邓文仪，希望邓文仪在台湾多联络黄埔同学。

1991年元旦，在台黄埔同学成立了"中华黄埔四海同心会（'黄埔会'）"，明确提出以"联合黄埔同学，推动祖国统一"为宗旨。这是邓小平同志和徐、聂两帅会见邓文仪的回应。2月初，台湾"黄埔会"执行长张琦来京，就两岸黄埔同学共同推进祖国和平统一问题交换意见。聂帅抱病会见了张琦，给予勉励。当聂帅得知，台湾"黄埔会"将由邓文仪等率代表团来大陆祭黄帝陵、谒中山陵时，聂帅说："到时如果我身体还好，很想多见几位同学。"4月初，台湾"黄埔会"谒陵代表团到达北京。聂帅因为身体不适，委托张瑞华代表他出席欢迎会并致欢迎词：希望在台同学众志成城，为实现第三次国共合作努力奋斗。聂帅从报纸上看到江泽民总书记会见"黄埔会"谒陵代表团的消息后亦十分高兴。

聂帅在病重期间，仍心系祖国统一大业，他"希望海峡两岸早日统一"。聂帅堪称黄埔师表。他逝世后，海内外黄埔同学以各种方式沉痛悼念敬爱的黄埔早期老师。台湾"黄埔会"副秘书长亲自到聂帅寓所吊唁。台湾"黄埔会"敬送挽联："荣臻大元帅千古：百战沙场，功耀华夏，星沉南海千古恨；一代人杰，勋尊元帅，月冷西山万民悲。"署名的有邓文仪、刘璠、刘泳尧、王叔铭、刘安祺、张炎元、何志浩、张琦。旅美黄埔同学蔡文治、中南美黄埔同学会会长罗大诚也发来唁电，表示沉痛哀悼。

聂帅逝世，广大黄埔师生更加怀念他在两次国共合作中建立的不朽功勋；聂帅逝世，更加激发了两岸及海外广大黄埔师生为促进国共第三次合作、和平统一祖国的责任感和紧迫感。黄埔军校同学会决心在以江泽民同志为核心的党中央领导下，全面贯彻党的十一届三中全会以来的路线方针政策，遵照聂帅"祖国尚未统一，同学仍须努力"遗训，广泛团结海内外同学，为实现国共第三次合作，和平统一祖国，努力工作，以完成聂帅夙愿！

（田　玄）

"先国事，后家事嘛"
——聂荣臻和高梁

高梁，是一位曾经长期在八路军晋察冀军区和人民解放军华北军区工作的老一代新闻工作者。由于工作原因，他与聂荣臻有着较长时间的密切交往。

1948 年 12 月 11 日，毛泽东正式发布了"关于平津战役的作战方针"。恰巧在当天晚上，华北军区随军记者高粱，正在军区驻地（河北平山县孙庄）附近一间小屋里，热热闹闹地举行婚礼。当结婚仪式刚刚开始，一个小战士突然闯了进来，向高粱报告说，聂荣臻的秘书范济生来电话，让高粱马上去接。这位在炮火声中成长起来的记者，知道有紧急情况，立即走出了小屋。电话里范秘书通知他说，聂司令员指示，明天清晨，军区派车来接高粱随聂司令员一块到蓟县孟家楼去。平津战役前线指挥部就设在那里。

出发那天，除高粱和另一个记者外，随行的人员还有军区副政委黄敬、城工部长刘仁、宣传部长张致祥、作战处长唐永健、秘书范济生及译电员、报务员等人。他们共乘 3 辆汽车，向指挥部方向驶去。当天晚上，到达石家庄。但为了途中安全，第二天，他们便绕道而行，于 14 日晚到达涿县。次日，又从涿县出发，当日来到石景山东三家店镇。在这里聂荣臻与东北野战军先遣兵团司令员程子华会了面。18 日清晨，聂荣臻一行人离开三家店，驶向前线指挥部。

在向指挥部所在地孟家楼行至途中路过卢沟桥时，聂荣臻示意把车停下来。当车刚则在桥头停稳，聂荣臻便一步跨下车，信步向桥上走去。走出没多远，他回过头来看到身后跟随着的摄影记者高粱时，竟呵呵地笑了起来，饶有风趣地对高粱说："嘿，听说出发前一天晚上，你正在结婚，真是对不起喽！"聂荣臻边说边仰起了头，他望着远方加重了语调："先国事，后家事嘛！等到解放了北平，咱们再好好热闹热闹。"高粱听了聂荣臻的话很是激动，忙上前一步："司令员，在这里留个影吧。"聂荣臻听了很高兴，兴冲冲地对大家说："这里是北平的一景，叫'卢沟晓月'。"他用手比画着，"你们看，桥栏杆上的小狮子究竟有多少？你们数得过来么？"说着，他用手轻轻地抚摸着一座小狮子。这时，记者高粱迅速按动快门，摄下了这珍贵的一瞬。

1986 年，已经离开部队一直在人民日报社工作的高粱，要出版一部个人摄影选集。这部选集共收取了他在 1945 年至 1949 年间摄下的 125 幅照片。在影集正式发行前，高粱来到聂帅住地，请聂帅审查一下影集内容。

当聂荣臻极其认真地看过每一帧照片后，突然向高梁问道："怎么没有看到林彪的形象？"并严肃地说："平津战役是两个野战军打的，中央军委任命林彪为第一司令员，我为第二司令员，罗荣桓为政委。没有林彪不合适。"接着，聂帅又说："抹掉他（指林彪）就是历史吗？对待历史问题应该实事求是，至于以后出了问题，那是他个人野心膨胀的结果。"听了聂帅的一席话，高梁在他的摄影选集中又增加了林彪的有关照片。对待事物、问题，尤其是历史问题一定要实事求是，成为记者高梁工作、生活中的座右铭。

以后，聂荣臻又提起了 30 多年前，高梁新婚第二天随他上平津战役前线时的情景。高梁不仅惊叹聂帅过人的记忆力，更为聂帅关心部属体贴入微的精神所感动。从这里他也更加体会到了聂帅"先国事，后家事"的含义。

（王红云）

信仰自由 抗日一家

——聂荣臻和和尚喇嘛

五台山是中国久负盛名的佛教圣地，那里有许多宏伟壮观的庙宇，有数千和尚和喇嘛在那里传教和生活。抗战以前，是许多善男信女不惜牺牲金钱、时间，跋山涉水前来朝拜的地方。这些和尚喇嘛们都是托福佛爷，拥有大量的田地，过着非常优越的生活。

五台山的庙宇有青庙和黄庙两种。和尚庙叫青庙，喇嘛庙叫黄庙，那里有汉族和蒙古族的和尚，有藏族的喇嘛，是僧俗杂处、三族同流极为复杂的地方。抗战之初，内地朝香的人们虽然有所减少，却还有不少的游脚僧人和蒙藏同胞留在那里。而且据说在抗战的初期，那里还有许多日本和尚，他们一方面是要"收买灵魂、地图和军事秘密"，一方面又要在中国的宗教问题上，施展挑拨离间的阴谋。

1937 年 10 月 20 日，中共中央北方局《为筹建晋察冀边区政府给聂荣臻电》指出："在晋察冀全区，为了加强与统一军事政治领导，立即进行统一战线的民主政权的改造与建设。"23 日，中共中央军委华北军分会正式决定：八路军总部率一一五师主力南下驰援娘子关；把留守五台山，在晋察冀三省交界地区开创敌后根据地的艰巨任务交给了聂荣臻。聂荣臻承担了这一重任，率领一一五师其余 2000 余人，以五台山为中心，放手发动群众，开展游击战争，着手创立晋察冀抗日根据地。聂荣臻来到晋东北以后，很快就注意到了这一严重的宗教和少数民族问题。随着抗日根据地的逐步建立和发展，五台山上的民众被组织起来了。各界抗日救国会加紧对他们进行教育和宣传，激发他们的民族意识，训练他们侦察行踪可疑的人，并随时监视许多和尚、喇嘛的行动。同时，对于和尚、喇嘛们，也积极施以抗战的教育和宣传。经过一段时间的组织教育之后，他们也在抗日战争中进步起来了。

根据中共中央北方局的指示，11 月 18 日，聂荣臻召集晋、察、冀各省军、政、民领导人开会，经过讨论，大家一致赞同建立全边区民主政权机构，并于 12 月 5 日正式成立"晋察冀边区军、政、民代表大会筹备处"，负责筹备成立边区政府。在聂荣臻的组织和领导下，筹备委员会由宋劭文、胡仁奎、刘奠基、张苏、王裴然等组成。在审查与会代表资格时，为五台山和尚、喇嘛代表权问题，出现了不同意见，并发生过热烈的辩论。有的人提出，和尚和喇嘛是出家人，只能烧香念佛，不必吸收其参政。另一部分人不同意以上看法，认为和尚喇嘛也是中国人，在民族危亡面前，应该团结一切可以团结的力量，不能用歧视的眼光看待他们，除此之外，在讨论到减租减息问题的时候，有一些代表发言，提出和尚和喇嘛只是消费者，应该将他们的地租多减掉一些，但是，和尚、喇嘛的代表不同意这种意见。他们说，在举国一致的抗日时期，我们也是抗日的，我们虽然是出家人，但这是为穷困所迫，没有法子，所以不应该多减寺庙的地租，应当允许享有一般老百姓的待遇才是。

针对以上两个有争议的问题，聂荣臻感到自己最后决定的时刻到了，于是他站了起来，沉稳而有力地说到：听了几位代表的发言，使我感到非常兴奋，在这全民抗战的时期，应同一切不同民族不同信仰的人们携起手来，共同抗日。和尚喇嘛也是中国人，他们虽然出了家，但并没有出国。我们不该因为和尚喇嘛们信仰和生活习惯的不同，把他们摈斥在抗日的门外，而是应该尊重他们的宗教信仰自由。对于少数民族的特殊利益，也应该加以保护和尊重。我们要消除各民族间的隔阂，反对自高自大、自私自利的大汉族主义，要各民族一致坚强的团结起来，争取中华民族的彻底解放。

由于聂荣臻的正确态度和耐心开导，筹备处统一了意见，一致赞同和尚、喇嘛作为正式代表出席边区军政民代表大会，同时对于宗教及民族政策问题也有了原则的决定。由此将爱国僧侣团结到抗日工作中来。当边区军政民代表大会开会的时候，五台山的和尚与喇嘛都派了代表来参加。五台山的蒙藏同乡会和青黄两庙还给大会发来贺电，表示愿忠实接受边区政府的领导，参加抗战，驱逐倭寇出华北，出中国。甚至一些年轻的僧侣还加入了中共领导的抗日武装部队。

由于聂荣臻积极推行团结喇嘛和尚的政策，因此教育和带动了华北地区许多宗教群众。河北有许多回教群众也纷纷派出回民代表和回民游击队代表来参加边区的军政民代表大会。

日军深知利用宗教破坏抗日统一战线的重要作用。为达到其长期统治华北的侵略目的，在绥远，日军曾召集了一个回教徒大会，企图利用金钱和官衔去引诱他们，收买他们，可是回教徒们有力地回答说："我们是吃教的，我们不要做官。"至此，聂荣臻领导的晋察冀抗日根据地团结和尚、喇嘛的消息传遍了全国，在全国僧侣界产生了十分强烈的反响。

（田　玄）

远隔重洋为母画像

——聂荣臻和唐氏

聂荣臻元帅出生在四川省江津县吴滩区梯子乡郎家村冲口屋基。在江

津县，广为流传着聂荣臻尊敬父母、关心乡情的故事。

1921年夏，聂荣臻参加中国留学生进占法国里昂中法大学的斗争失败后，义赴比利时劳动大学学习。那年农历春节，在异国他乡读书的聂荣臻倍加想念家乡，怀念远隔重洋的父母。他望着窗外白茫茫的大地，从怀中掏出母亲的照片久久凝视，仿佛又听到母亲的叮嘱："双全，要有出息呵！"他的母亲唐氏是个典型的旧式妇女，她把自己的精力和感情全部用于操持家务，抚养儿女。聂荣臻在家中既是长子又是独子，母亲倍加疼爱，聂对母亲的感情也特别深。当他把要到法国勤工俭学之事告诉父母时，遭到全家人的坚决反对。母亲更是泪流满襟，抱着儿子碰头大哭，说什么也不让儿子远去法国。他反复给父母陈述利害：因前参加烧日货斗争，留在江津有可能被抓，与其束手就擒，倒不如远走高飞，学点科学更有出息，更能救国救民。听了这番话，母亲心更酸了。让儿子走吧，又不放心，不让走吧，儿子又闯下了大祸。权衡利弊，加上两个舅舅的大力支持，终于同意了他的请求。起程时，母亲拿起自己的照片给儿子，千叮万嘱，聂荣臻把母亲的照片放在怀里，跪在地上深情地对母亲道别："母亲，我一定为你争气，这张照片伴随着我，就像你在我身边一样。"

来到法国后，他看到法国油画画得很好，便有心将母亲的像画成油画带回家去，以孝敬她老人家。一次，他拿着母亲的相片去找画馆时，在街上听到有人用生硬的法语叫"看小脚哟"，觉得很奇怪，便挤进人群一看，原来是一个官吏模样的中国人，带有一缠足女子，把小脚当成把戏给外国人看，以换取法郎，引得洋人们哄堂大笑。看到这有辱国格的事情，聂荣臻怒火中烧，狠狠地教训了那家伙一顿。看到那可怜妇女之小脚，想到母亲照片上也有一双小脚，为了不让母亲遭洋人嘲弄，他毅然把相片剪成半身像拿去绘画。想到母亲旧意识较浓，怕见到半身像不高兴，他特地写信给母亲解释此事。他在信中写道："……出现小足，不便给外人……须将母亲之像下半身截去，画成半身像。不然不但外人嘲笑而矣，而画像者（也）以为奇，必定又将母亲拍照，弄出许多讨厌事来，男心实不安，若有同学识之，尤受骂不浅。""所以男以为半身是无妨的，不知我母亲心中欢喜否。"他在信中，还特地劝母亲将妹妹荣昌的小脚解放，"切勿为俗所误，已缠者，祈速解放之；未缠者，决不可再失其足。……"

后来，他到比利时求学时，托表兄熊国平将画像带回江津交给母亲，全家人非常高兴，聂母更是激动，手捧画像，老泪盈眶。

（黄永盛　王亚菲）

包办的婚嫁　强扭的姻缘
——聂荣臻和龙升贤

在吴滩街上，住着一位 91 岁高龄的典型农村妇女，她叫龙升贤。人们一提起她，就自然而然地想起聂荣臻与她的一段不称心的姻缘。关于这件事，各种传说甚多，为了弄清这件事，我们先后找了许多知情人士了解情况，现整理出来，以解误会。

龙升贤的一生颇具坎坷，从一个方面看，她等聂荣臻始终如一，令人敬佩；另一方面，她与聂荣臻从来就没有产生过真正的感情，这段婚事是强扭的瓜，其实是封建礼教的牺牲品，令人同情。

1915 年，聂荣臻的母亲病重，家中请师娘子（四川农村中专靠跳神为生的妇女的别称）来治病，临走时告诉聂家，要办一门喜事来压邪，方能治好病。为了能早日消灾，聂荣臻的父亲聂仕先找到岳父唐雨初商量。两人合计，决定为聂荣臻娶亲。那时聂荣臻才 13 岁，正在外地读书，对此事一无所知。经唐雨初撮合，物色到唐家一亲戚的女儿。她就是龙升贤，比聂荣臻大两岁，按外公唐家亲戚来说，聂应叫她表姐。当聂父托人带信告诉聂荣臻后，他坚决不从，并要母亲到医院治病。奈何那时科学不发达，特别是在山区，人们更是信神不信医。因此，尽管他本人反对，但聂家娶亲的决心已定，又派人通知他如期回来娶媳妇为母亲冲喜。到了喜期，聂荣臻硬是不回家，以示抗议。这可急坏了聂仕先，他找老岳父拿主意。两人眼看催亲的来了一趟又一趟，情急之中办了一件荒唐事，决定由唐富华

（聂荣臻的幺舅）假扮新郎，娶回龙升贤，悲剧也就开始了。

龙升贤成了聂家的一员，她勤劳能干，博得聂荣臻父亲的欢心。聂荣臻回家的时间不多，每次回来都躲躲闪闪，但聂仕先总是把儿子赶到媳妇房中住宿。虽聂荣臻本人极不愿意，但父命难违，只好如此。直到他赴法勤工俭学前，两人虽共同生活了整整 7 年时间，但龙升贤都没怀孕。

聂荣臻赴法后，开初还与家人有书信往来，但从来都没有提到过龙升贤，更没有单独给她写过信。自参加共产党后，开始了戎马生涯，参加了南昌起义和广州起义，成为国民党反动派缉拿的共产党首要分子之一。为了使家人免遭迫害，他从此和家人断绝了通信往来。其间，聂母思儿心切，就抱养了一个儿子，聂再阳。按乡下规矩，龙升贤是长房媳妇，理所当然地担当起了全家的生活重担。起先，靠碾米挣钱来维持全家生活。因碾米挣钱不多，难以维持家境，又去佃租别人的田地来耕种，求得生路。以后，聂母、聂父相继去世，家中失去顶梁柱，龙升贤只好搬到荣臻的胞妹聂荣昌家，姑嫂俩住在一起。由于妹妹家中上有老，下有小，负担很重，姑嫂间难免有些口角，没住多久，又搬出去了。当时聂荣臻音信杳无，不知去向，乡中有些好心人劝说龙升贤另嫁，但龙指天道地发誓说：生是聂家人，死是聂家鬼，一定要等到双全（聂荣臻）回来。聂氏祠堂族长聂祖辉见龙升贤实在可怜，便由祠堂每年出 2 石黄谷，施以微薄救济，才得以生存下来。

聂荣臻自那以后到解放，从未回过家乡，但当地却流传着这样一件事：国共和谈期间，共产党派人到重庆谈判，聂荣臻也化装成商人，回家乡探望，在吴滩街上的茶馆里，会见了龙升贤。当时化了装，龙升贤未能认得是聂荣臻，待聂荣臻告别后，才恍然醒悟，急忙追赶到油溪，聂荣臻已乘船离开码头，龙升贤站在码头上直哭得小船无影无踪才离去。这实际上是个误传。1945 年，聂荣臻是派人到吴滩接人，但并非亲自前往，也不是接龙升贤，而是接外侄李继津、李继瑄两兄弟到重庆，由董老转送延安。

1949 年 12 月，江津解放。龙升贤打听到聂荣臻在北京的消息，便写了封信，表示要到北京去相见。当时西南军政委员会知道这个消息后，派人接她到重庆。刘伯承、邓小平热情地接待了她，并劝阻她不要去找聂荣臻，龙升贤打消了去找聂荣臻的念头。后通过组织安排，龙升贤回到当地参加工作，起初担任县妇联主任，因工作能力差，她自己提出回乡去生活，又回到吴滩。1960年，由于极"左"路线影响，农村大刮共产风，遍地建食堂吃大锅饭，一些不法分子也乘机欺压群众，克扣伙食。吴滩公社副书记张全初、伙食团会计陈庆云等经常不给群众饭吃，饿死了一些人，群众便鼓动龙升贤写信给聂荣臻反映情况，果然起了作用。上级派人调查后，处理了这些违法乱纪之人，因而龙升贤也得到了当地人民的尊重，被选为人民代表。从那以后，龙升贤除了得到县政府民政部门的照顾外，聂荣臻每两月都要给她寄一次钱，以补助生活之用。

1988年5月12日，龙升贤病逝。临终前还向守护她的人问候聂荣臻，当人们告诉她聂荣臻的身体安康时，她幸福地合上了双眼。逝世后，聂荣臻除了派专人前来料理外，还以全家的名义，给龙升贤送了花圈和挽联。挽联上写道：龙升贤同志千古。

（黄永盛　王亚非）

"只望大人洋烟禁脱"

——聂荣臻和唐海潭、唐富华

聂荣臻出生时，家庭已经破产，生活比较艰辛，但其外祖父家却是当地一个比较富有的家庭。到了上学年龄，由于家庭困难，父母把他送到外祖父家读"私塾"，他的外祖父唐雨初是前清秀才，精通四书五经，喜欢咬文嚼字，在当地颇有名望。因此，外祖父就成为他第一个启蒙老师。由于外祖父教的都是之乎者也一类东西，一段时间以后，聂荣臻就感到很沉闷。能够给他乐趣的是他的几个舅舅。大舅唐成咸，是个老实人，发奋为生计奔波，接触甚少；三舅唐海潭、幺舅唐富华都在外面读书。其中对他影响最深的是三舅，当时在重庆法政学校读书。那时的法政学校是重庆的最高

学府，加之唐海潭比较活跃，交往的朋友甚多，既有思想保守的共和党人，又有比较激进的国民党人，因此一回家就带回许多社会新闻，他经常讲虎门禁烟、租界口岸、戊戌维新、邹容、秋瑾等等给聂荣臻听。虽然荣臻年纪很小，还搞不清是怎么回事，但已有一种朦朦胧胧的感觉，就是社会需要发生变化，社会需要变革。

他的三舅和幺舅由于一事无成，后来，相继染上了吃大烟的习惯。聂荣臻很不喜欢他们抽大烟，虽说不出用什么道理来劝阻他们，有时就将他们的烟枪、烟灯藏起来，甚至将烟土悄悄丢入田里，搞得两个舅舅很恼火。上中学时，外祖父唐雨初去世，两个舅舅的烟瘾更大，为买烟土破费了不少钱财，弄得家里人经常吵闹，很不景气。

两位舅舅给聂荣臻的支持，就是全力赞成和资助聂荣臻赴法读书。原来当他决心要赴法勤工俭学的时候，曾遭到全家的反对，因为他是独子，父母舍不得他远离家乡，漂洋过海。他特地找到舅舅们诉说情怀，表示坚决要到法国勤工俭学、科学救国的决心。还是他的两个舅舅深明大义，协助做通了父母的工作，并答应出资供他上学，其家中之事一切由他们承担。随后便在亲戚江亚南家中借了300块大洋交给聂荣臻，让他放心去法。临分手时，他一直拉着舅舅们的手说："我的家就是你们的家，父母就拜托给你们照料了，我到法国回来就好了……"

由于吃大烟需要花钱，再加上三舅唐海潭想入仕途，活动中用了不少钱，还需办钱供聂荣臻在法国读书用，因此，没两年，钱、财、田、地都差不多卖了，聂荣臻知道这件事后，经常写信劝说两个舅舅戒烟，他在一封信中深情地写道："三舅、幺舅大人尊鉴：别时菊放篱，此已梅开岭，转瞬又将贺新春，侄兹隔重洋，能不浩叹，静夜一思，不觉泪下。虽云男儿志在四方，家乡何时得见，只望大人洋烟禁脱，债账把清，恢复原业，则侄归来相见之日，快乐之日长矣。侄之情形谅大人于家书中本已尽悉，今已不必再述。惟望大人常常指示，虽在天涯地角，亦若触面教训也。"在聂荣臻的多次劝阻下，两位舅舅逐渐把烟戒掉。

1986年10月12日，聂荣臻的表弟唐家杰（唐富华之子），到聂家中做客，聂荣臻还关心地向其询问两个舅舅把烟戒掉没有。当唐回答早已戒掉时，聂荣臻高兴地说：这就很好嘛，吃烟硬是没得啥子意思。

（黄文翟）

"没有一个人能沾他的光"
——聂荣臻和皮文蔚、李继均

在家乡，人们都知道聂荣臻的亲戚"没有一个人能沾他的光"，他廉洁奉公、不徇私情的事有口皆碑。

1950 年，他的家乡正在轰轰烈烈地开展减租退押、清匪反霸，浪潮一浪盖一浪。那年 7 月，他写信给妹妹聂荣昌，让她到北京相见。这个消息被他的一个表妹夫皮文蔚知道了，便找到聂荣昌，说是怕她一人上路不方便，专程送她到京，另外，还想请聂荣臻帮他找个工作。聂荣昌经不住皮的左劝右说，再加上从没有出过远门，便答应下来，到了北京，聂荣臻问明皮的情况后，对聂荣昌说："妹，他是来躲命的。党的政策是坦白从宽，抗拒从严，给他一条生路，送他到华北革大去改造思想，重新做人。"原来这个皮文蔚解放前担任过伪乡长，因害怕被斗争，准备跑到这里来避避风。没想到聂荣臻会这样铁面无私。后来，皮文蔚在石家庄华北革大改造中，交代了过去的罪恶历史，得到了从宽处理。

1962 年，正是国家处于严重困难时期，许多工厂解散，许多学校停办。当时聂荣臻的亲外侄李继均正在航空学校读书，该校也是停办的单位之一，学生转到部队当兵。李继均很想能继续学习，便写信给聂荣臻，请他帮忙在北京联系一下，看能不能到北京去继续学习。聂荣臻不同意外侄的做法，还批评李不为国家利益着想，只考虑自己的事情，并要李服从国家命令。后来，李便安心地服从分配，先在璧山当兵，后到了山西空军部队工作。"文化大革命"的动乱年代，"四人帮"一伙搞了"揪军内一小撮"的阴谋。聂荣臻等老一辈无产阶级革命家于 1967 年进行了"二月抗争"，被诬

陷为"二月逆流"，他的外侄李继均为这事也受到牵连，被批判斗争后转业到地方工作。粉碎"四人帮"后，李继均所在部队给他平了反，李本人要求还是回原部队工作，就把平反材料送给舅舅聂荣臻，请他帮忙办一下。聂荣臻说："其他人的冤假错案，我可以签字平反，帮助安排工作，正因为是我的亲外侄，我就不能签这个字。"结果，李仍然在地方工作，没能回原部队。

1976年，正逢招兵季节。聂荣臻的表弟唐家杰写信给聂，诉说其女唐毅下乡当知青多年，招工当兵都去不了，想请聂给招兵单位打一个招呼，照顾去当女兵。聂荣臻回信说："政策是我们制定的，我们不能违背。要当兵在当地报告，按政策办事。"就这样，唐毅未当上女兵。后来，聂荣臻听说唐家杰生病了，还几次寄钱给他治病，使唐非常感动。

（黄文翟）

国际主义之光
——聂荣臻和白求恩、柯棣华

一

谈到抗战期间在晋察冀活动过的外国朋友，最为著名最为人们所传颂的，是白求恩和柯棣华。这两位伟大的国际主义战士，为中国的民族解放事业，在晋察冀流尽了最后一滴血，献出了自己的宝贵生命。他们崇高的形象，一直活在中国人民的心里，值得人们永远纪念。

白求恩是加拿大共产党党员，世界著名的胸外科医生。他是1938年6月来到晋察冀的，聂荣臻在五台金刚库迎接了他。白求恩告诉聂荣臻，他离开延安的时候，毛泽东同志曾专门同他谈了话。毛泽东同志说："中国有一部很著名的古典小说，叫做《水浒传》。《水浒传》写了鲁智深大闹五台山的故事，五台山就在晋察冀。"毛泽东同志还风趣地对他说："五台山，前有鲁智深，今有聂荣臻，聂荣臻就是新的鲁智深。"白求恩到来后，曾对聂荣臻说，你这个鲁智深，同那个鲁智深可不一样哟！鲁智深醉打山门，把寺庙破坏了，你却保护了五台山的庙宇。白求恩的一番话，把当时在场的同志们都逗乐了。

白求恩确实是一个伟大的人物。他的工作精神是非常感动人的，一到晋察冀，立即去松岩口创办模范医院，后来，又穿过封锁线，到了冀中平原。他作为军区卫生顾问，为晋察冀边区医疗卫生事业的发展想了许许多多的办法，培训了一批又一批的医疗卫生骨干，亲自抢救了无数个生命垂危的伤员。1939 年 11 月雁宿崖战斗前夕，他在踏上战场之前，为一名患头部蜂窝质炎的伤员动手术。由于在掏取碎骨时左手中指被碎骨刺破，结果受到致命的感染。但他仍然参加了雁宿崖歼灭战和击毙"名将之花"阿部规秀中将的黄土岭围攻战，在炮火中为大量伤员做手术。病情发作后，他还在坚持，直到战斗结束，才下了战场。当人们用担架把他送到唐县黄石口村时，他的病情已经恶化。过了两天，也就是 1939 年的 11 月 12 日，这位伟大的国际主义战士，终于带着对中国人民的无限深情离开人世。他在生命的最后一刻，给聂荣臻写了一封信，留下了他最后的遗言。那封信写道：

　　亲爱的聂司令：
　　　我今天觉得非常不好——也许就要和你们永别了。
　　　请转告加拿大和美国共产党，我在这里十分愉快，我唯一的希望是能多有贡献！
　　　…………
　　　请转告加拿大人民和美国人民，最近两年是我生平中最愉快、最有意义的时日！

他在临终之前，还想到了军区卫生工作的建设，写道：

　　每年要买 250 磅奎宁和 300 磅铁剂，专为患疟疾病者和极大多数贫血病患者。

　　千万别再往保定、平、津一带购买药品，因为那边的价钱比沪、港贵两倍……

他写下的最后一句话是：

　　让我把千百倍的谢忱送给你和其余千百万亲爱的同志。

　　得到白求恩逝世的消息，看到他的临终遗言，想起他伟大的国际主义精神，以及对边区卫生工作的建树，聂荣臻这个有泪不轻弹的人，也止不住涌出了热泪。白求恩同志逝世的时候，我们正在抗击日军的疯狂"扫荡"，但是，边区党政军领导机关和边区军民，依然在反"扫荡"的间隙，为这位伟大的共产主义战士举行了隆重的安葬仪式。后来，还在河北唐县军城村，精心设计修建了白求恩墓。这在当时边区的条件下，可说是最高的规格了。毛泽东同志为悼念白求恩同志，专门写了《纪念白求恩》的文章，这是人们都知道的。

二

　　印度医疗队的柯棣华大夫，是 1940 年 4 月由晋东南来到晋察冀的。他在晋察冀，曾担任白求恩国际和平医院的第一任院长。

　　1938 年夏天，柯棣华同志刚从印度的医科大学毕业，正值日本帝国主义全面侵略中国。他同情和支持中国人民的抗日战争，志愿参加了印度援华医疗队，与巴苏（华）等 5 位印度医生一起，来到中国。到了中国，他们为中国共产党领导的轰轰烈烈的敌后抗日斗争所吸引，毅然投奔当时的革命圣地延安。以后柯棣华和巴苏（华）到晋东南八路军总部工作了一段时间，又转道冀南、冀中来到晋察冀军区所在地。聂荣臻第一次见到柯棣华，是 1940 年 6 月在唐县军城村白求恩陵墓落成典礼上。他热情奔放，富有朝气，又十分谦虚，给人以很好的印象。此后不久，巴苏（华）医生转回延安，柯棣华留在晋察冀，转战各地。他的生命中的最后 3 年，就是在华北敌后抗日前线度过的。他不避艰险，不辞辛劳，处处以白求恩为榜样，为抗日军民救死扶伤，奋不顾身地战斗到最后一息。他把他宝贵的青春，贡献给了中国人民的革命事业，为中印人民之间的战斗友谊谱写了壮丽的篇章。

在晋察冀最为艰苦的 1942 年，柯棣华在这里加入了中国共产党。在这之前，他同白求恩卫生学校的女教员郭庆兰同志结婚，并于 1942 年 8 月生下一个儿子。柯棣华和郭庆兰要聂荣臻给小孩子起个名字，聂荣臻取中印人民友谊的意思，说：就叫"印华"吧！

柯棣华患有严重的癫痫病，聂荣臻曾建议他离开前线，到延安或者回国治疗一个时期，柯棣华坚决拒绝了。他说："战争环境越来越艰苦，伤病员越来越多，作为一个医务工作者，只要还活着，就不能离开伤病员！"我们一直关心着柯棣华的健康，但是，由于这个顽固疾病的频繁发作，经全力抢救仍然无效，柯棣华同志不幸于 1942 年 12 月 9 日逝世。

聂荣臻将这个沉痛的消息向党中央和毛泽东同志作了报告，毛泽东同志为延安各界举行的柯棣华追悼会送了亲笔挽词：

> 印度友人柯棣华大夫，远道来华，援助抗日，在延安、华北工作 5 年之久，医治伤员，积劳病逝，全军失一臂助，民族失一友人。柯棣华大夫的国际主义精神，是我们永远不应该忘记的。

晋察冀为柯棣华修建陵墓的时候，朱德同志送来了陵墓的题词，称颂柯棣华同志为"国际主义医士之光，辉耀着中印两大民族。"

周恩来同志为柯棣华的逝世，给柯棣华在印度的亲属写了信，高度赞扬了他永不磨灭的崇高精神。

解放后，我们党为了纪念白求恩和柯棣华两位国际主义战士，在石家庄重新修建了陵墓，以志纪念。他们用自己的生命和光辉业绩所树起的丰碑，将永远矗立在中国人民的心头，万古长存！

直到今天，白求恩和柯棣华的光辉名字，仍然是中国人民和加拿大人民、印度人民友谊的象征！

（田　文）

"我从晋察冀学到了许多新的军事思想"

——聂荣臻和卡尔逊

中国人民的抗日战争，是国际反法西斯战争的一个重要战场。中国人民用流血牺牲，支援了世界各国人民的反法西斯事业；世界上爱好和平的国家和人民，特别是各国的进步人士，也怀着很高的热情支援了中国人民反对日本帝国主义的斗争。

就晋察冀边区来说，聂荣臻曾接待过来自不同国家的外国朋友。他们有的是为支援中国人民的抗战，来前线救死扶伤的；有的是为了解敌后根据地情况，来敌后根据地考察访问的；还有的是在太平洋战争爆发时，在北平、天津等地任教经商的外国专家、教授、商人，为逃避迫害，投奔抗日根据地的。这些国际朋友在晋察冀逗留期间，都给过聂荣臻他们热情的帮助，为发展他们各自国家和我国人民的友好关系作出了积极的贡献。

最早来晋察冀的国际友人，是美国军官卡尔逊，他作为美国军事观察员，曾两次经由八路军总部来到晋察冀边区。卡尔逊第一次来，是1937年12月底到1938年2月，由周立波同志陪同，在边区考察访问了近50天。当时，八路军总部感到，一个美国人到敌后来太危险，曾劝他不要来，但卡尔逊坚决要来，总部只能报经毛泽东同志批准，派武装将他护送到了晋察冀。周立波同志日后还根据此行写了一本书，叫《晋察冀边区印象记》。在50天的考察访问中，他们步行和骑马走了两千五百里，两次穿过敌人的封锁线，走遍了河北北部的大部地区。卡尔逊说："这是一次艰险的长途旅行"，也是"一种十分有趣十分宝贵的经历"。聂荣臻在阜平会见了卡尔逊，还陪他到五台山参观了一次。参观五台山庙宇，进庙出庙的时候，僧人们还奏着迎送客人的音乐。12个僧人穿着同样的黑色僧服，披着袈裟，分站两行，用长笛、短箫、皮鼓、小锣、古笙，演奏得和谐动听。卡尔逊说，这是一个使我永不能忘怀的节目，我真想不到，在这样的穷乡僻壤，在这四面被敌人包围的境地，还能听到这么优雅的音乐。卡尔逊同聂荣臻还在寺院住了一夜，僧人们设晚宴招待他，向他介绍了五台山佛教发展的历史和现状，他听得很入神。卡尔逊逗留期间，他们进行过多次交谈，有一次在金刚库，他们一直谈了大半夜。卡尔逊提了许多问题：八路军能不能在敌后坚持住？枪支和弹药怎样补充呀？怎样对付日军的"扫荡"呀？游击战争怎样发展呀？等等。聂荣臻一一做了回答。卡尔逊对于我们创建敌后根据地、开展游击战争的做法觉得很奇怪，非常感兴趣。他说，我参加过第一次世界大战，那无非是蹲在战壕里打枪打炮，你打过来，我打过去，我们这些士兵都像机器人一样，根本不动脑子，枯燥得很。你们这种搞法，实在有味道，很有斗争艺术，一面打仗，一面考虑许多问题，不单着眼于军事，还搞政治，搞经济，搞文化，这是我从来没见过，也没有听说过的。卡尔逊第一次考察访问回去后，对聂荣臻他们能不能在敌后长期站住脚，能不能坚持住，还持半信半疑的态度。所以，一年以后，1939年，卡尔逊又第二次来到晋察冀。他看到聂荣臻他们经过一年多的艰苦斗争，不仅在敌后牢牢地站住了，还创建了一个蓬蓬勃勃、处处充满新气象的抗日根据地，卡尔逊的怀疑彻底消除了，对建立根据地、进行游击战争的做法非常佩服。卡尔逊说，我从晋察冀学到了许多新的军事思想，我也要这样搞。果真，回到美国后，卡尔逊就向罗斯福总统上书，要求给他一些人员和武器，让他带着到菲律宾去打游击。罗斯福开始没答应，经他一再要求，同意了他的计划，分配给他一些人员和武器，由美军潜艇送到了菲律宾海岸，真在那里打起游击来了。卡尔逊在菲律宾搞了一阵子，没搞出什么名堂来，问题是没有得到群众的支持，异国他乡，人生地不熟，菲律宾人民对这些美国人的举动抱怀疑态度，卡尔逊他们人单势孤，当然很难站住脚的。

（文 边）

"我们决不能伤害日本人民和他们的后代"

——聂荣臻和加藤美穗子

一

52 年前，由于日本军国主义发动罪恶的侵华战争，使中日两国人民同时陷入了空前的灾难，为抵御和抗击侵略者的野蛮杀戮，一场震惊世界的大战在太行山麓展开，这就是闻名中外的八路军百团大战。在这场大战中，八路军一部向日军盘踞的重要地区井陉煤矿发起了强大的攻势。日军为阻止八路军进攻，不顾自己的侨民尚未撤退，用夹杂着烧夷弹的排炮，向东王舍村猛轰。矿区顷刻间变成一片火海。在浓烟烈火之中，忽听到从半倒坍的日本矿井里，传来凄厉的呼救声和婴儿的哭叫声。担负进攻任务的晋察冀军区第一军分区第三团一营的干部和战士们不顾牺牲，冒着炮火和烈火救出了两个日本小姑娘，大的五六岁，小的还在襁褓之中。她们的父亲——井陉火车站的日本副站长，受了重伤，经抢救无效殒命，她们的母亲也在炮火中死亡。部队从战火里救起她们的时候，那个不满周岁的女孩伤势很重，经过医务人员及时抢救和治疗，使她脱离了危险。

消息传到聂荣臻将军的前线司令部。两个日本小女孩，被接到司令部招待所——滹沱河畔一座小山庄里的一幢农舍。

一个穿着普通士兵服装的身材魁梧的人看望孩子来了！这就是聂荣臻将军——一位正在指挥千军万马作战的八路军杰出将领，晋察冀军区的司令员。

"喂，喂，小客人，不要怕，不要怕！"

他抱起那个襁褓之中的小囡囡，亲吻她胖胖的脸颊。用指头轻轻地挠动着孩子的胳肢窝，逗着孩子发笑。随后，又走到 5 岁小姐姐跟前，蹲下身来，抚摸着孩子的头发，把一只用水洗净的雪花梨送到女孩嘴里："这个好吃，甜，甜。"孩子没有害怕，望着这位和蔼的伯伯，天真地笑了。聂司令叫来管理人员，让做一盘稀粥，并将那个稍大些的孩子拉在怀里，用小勺一勺一勺地喂她。同时还吩咐他们到附近村庄寻找乳妈，给小囡囡喂奶，还唤来军医给孩子仔细检查身体。他叫警卫员到集市上设法买到糖、饼干和水果——这些东西，在那艰苦岁月里是难得享受到的奢侈品。

聂司令问："反战同盟的日本朋友，有在家的吗？请他们来看看孩子。"当他得知日本反战同盟的同志都上前线去工作后，又说："孩子是无辜的。应该让所有人明白，敌人虽然残忍地杀害了我们无数的同胞和儿童，但我们决不能伤害日本人民和他们的后代。"

接连几个夜晚，两姊妹都住宿在这山村的农舍里。一位慈祥的大婶搂着她们，同睡在一条土炕上，用自己的乳汁喂养小囡囡，不停地扇扇子给孩子赶走蚊虫。姊妹俩听着中国妈妈唱摇篮曲："小小叶儿哗啦啦，儿是娘心一朵花，娘盼我儿快长大，哗啦啦，快长大……"渐渐地沉入梦乡。

8 月 22 日清晨，聂荣臻起得很早，他挥笔给日本军司令官写了一封信，义正词严地斥责了日本侵略军所犯下的滔天大罪，要求他们保护和哺养孩子。信的全文是：

日本军官长士兵诸君：

日阀横暴，侵我中华，战争延绵于兹 4 年矣。中日两国人民死伤残废者不知凡几，辗转流离者，又不知凡几。此种惨痛事件，其责任应完全由日阀负之。

此次我军进击正太线，收复东王舍，带来日本弱女二人。其母不幸死于炮火中，其父于矿井着火时受重伤，经我救治无效，不幸殒命。余此伶仃孤苦之幼女，一女仅五六龄，一女尚在襁褓中，彷徨无依，情殊可悯。经我收容抚育后，兹特着人送还，请转交其亲属抚养，幸勿使彼辈无辜孤女沦落异域，葬身沟壑而后已。

中日两国人民本无仇怨，不图日阀专政，逞其凶毒，内则横征暴敛，外则制造战争，致使日本人民起居不安，生活困难，背井离乡，触冒烽火，寡人之妻，孤人之子，独人父母。对于中国和平居民，则更肆行烧杀淫掠，惨无人道，死伤流亡，痛剧创深。此实中日两大民族空前之浩劫，日阀之万恶罪行也。

但中国人民决不以日本士兵及人民为仇敌，所以坚持抗战，誓死抗日者，迫于日阀侵略而自卫耳。而侵略中国亦非日本士兵及人民之志愿，亦不过为日阀胁从耳。为今之计，中日两国之士兵及人民应携起手来，立即反对与消灭此种罪恶战争，打倒日本军阀财阀，以争取两大民族真正的解放自由与幸福。否则中国人民固将更增艰苦，而君辈前途将亦不堪设想矣。

我八路军本国际主义之精神，至仁至义，有始有终，必当为中华民族之生存与人类之永久和平而奋斗到底，必当与野蛮横暴之日阀血战到底。深望君等幡然觉醒，与中国士兵人民齐心合力，共谋解放，则日本幸甚，中国亦幸甚。

专此即颂

安　好

聂荣臻

八月二十二日

此后，聂荣臻又挑选了一位壮实的农民，用一副挑子，这种太行山区最好的交通工具，备足食品将两个小姑娘一直送往石家庄日军片山旅团司令部。

日军接到两个小女孩后，他们还回了信，说八路军这样做，他们很感谢。

二

在聂荣臻救日本小姑娘之事发生之后 40 年的 1980 年，《解放军报》上发表了该社副社长姚远方所作的《日本小姑娘，你在哪里?》的报道，在中国，在日本，都引起了很大的反响。日本的《读卖新闻》社记者经过认真仔细地查找，在九州找到了那个大一点的小姑娘。现在，她已经是三个孩子的母亲了，与丈夫经营着一家小杂货铺。她那受伤的小妹妹，在送回以后，死在石家庄的医院里。

美穗子这件事，对中日友好产生了很好的影响。日本人民很受感动，那些参加过侵华战争的旧军人，得知这件事的来龙去脉后，非常感慨。他们说，八路军拯救日本小姑娘这件事，更使他们认识到侵华战争的罪恶，表示要道歉，要感谢，赞扬八路军的革命人道主义。聂荣臻先后收到了大量来自日本各地的电函和书信，北起北海道，南到九州，有的还送来了各种乳品。日本旧军人的一个组织也送来了信函和礼物，并称颂聂荣臻是中国的"活菩萨。"

当姚远方文在《解放军报》、《人民日报》、《解放军画报》等中国各大报刊登载之后，日本《读卖新闻》第二天即刊发题为《战火里救出孤儿，聂荣臻40年后呼唤兴子姐妹》的报道。日本其他报纸也相继刊登了这一消息和美穗子的照片。不到10天，就在各方面的帮助下，找到了劫后余生的加藤美穗子（现名栫美穗子）。

1980年7月14日，应聂荣臻元帅和中国有关方面的邀请，当年的日本"小姑娘"美穗子全家来华访问，受到了聂荣臻元帅的接见。当美穗子见到自己日夜思念的救命恩人聂荣臻后，十分激动，热泪盈眶，一再向聂荣臻表示感谢。

聂荣臻元帅对美穗子说，这件事不只是我一个人会这样做，我们的军队，不论谁，遇到这样的事情，同样都会这样做的，这是我们的政策，是我们军队的无产阶级性质所决定的。美穗子对聂荣臻说，她这次由日本来中国，北海道的渔民托她带来一盒干贝，表示对中国人民的祝愿。她还说，当年参加过正太路作战的日本旧军人再三向她表示，他们对不起中国人民，非常抱歉。聂荣臻回答说，让我们化干戈为玉帛吧，日本民族是勤劳智慧的民族，愿中日两国人民世世代代友好下去，永不兵戎相见。在这次接见后，美穗子已经发自内心地将聂荣臻当作自己的再生父亲了。

三

1992 年 5 月，远在日本九州的美穗子忽接聂帅去世的噩耗，极为悲痛。她立刻向北京的聂帅办公室发出了一份深情的唁电。电文写道：当她从新华社播发的消息中得知父亲去世这一噩耗时，正值丈夫患脑溢血处于病危之中，不能前来北京凭吊，隔海相望，悲痛欲绝。聂帅可亲可敬的形象和历历往事不断浮现在眼前，她把不尽的哀思注入一行行电文之中"那场可怕的战争，使我在中国大陆沦落为孤儿，承蒙您的相救，才使我有了今天……"

她自 1980 年之后，先后 3 次来到中国探亲，每次聂帅都要在繁忙的工作中挤出时间会见她，关心她的家庭和生活，勉励她为增进中日友好多做贡献。她正是遵照聂帅的嘱托，努力地在为建立两国人民理解和友谊的大厦而增砖添瓦……没想到，敬爱的聂帅却永远地离去了！

在日本，美穗子买来了鲜花和祭品，在家里设立了灵堂，按照日本的传统习俗举行了悼念仪式，表达了一个日本女儿对父亲的特殊情感，祝愿中日友好之树常青。

敬爱的聂荣臻元帅虽然离人们去了，但正如美穗子所在地岩桥辰也市长在唁电中所说："聂将军虽不幸离开了我们，但他帮助日本孤儿的事迹作为中日两国之间的一个美好的故事将继续被传颂。"

（田　玄）

编　后　记

　　20 世纪的中国是一个风云际会、英雄辈出的伟大变革时代。伟大的时代造就出灿若群星的历史伟人。人民军队中功勋卓著的聂荣臻元帅就是这些伟人中的一个。

　　作为人民军队中的一代伟人、著名战将，他一生中同党内外、国内外、军内外各种人士有着十分广泛的交往，有的是在硝烟弥漫的战争年代，有的是在轰轰烈烈的社会主义革命和社会主义建设时期，有的是在变幻莫测的外交场合，有的是在蒙冤受屈的荒唐岁月，有的是在工作中，有的是在生活中。几十年来，曾经同他有过交往的同志和人士，撰写了大量的回忆书籍和文章，叙述昔日交往中的轶闻、趣事。本系列丛书就是从这些大量的书籍或文章中精选精编成册的。此外，还有相当一部分文章是新约写或由编者撰写的。

　　在编选过程中，我们在尽可能地保留文章原有风格的前提下，根据本书的整体需要，对所有的文章作了必要和程度不同的节录、删改、改编，对有明显文字、观点和史实性错误之处作了修订。文章的标题绝大部分是编者拟定的。